「すきノート」のつくりかた

甲斐みのり

PHP

目次

「すきノート」のつくりかた

Prologue
「自分だけの星」を探して
わたしを救ってくれた1冊のスケッチブック …… 8

わたしのノート

すきがわたしを支えてくれている …… 20
喫茶店／ブローチ／マッチ箱／クラシックホテル／朝おやつ／地元パン®／ワンピース

あの人のノート

井上咲楽さん　タレント
「お守り」みたいに持ち歩いています …… 26
杉浦さやかさん　イラストレーター
あふれ出る「すき」は、とりあえず貼っておく …… 28
ペタペタ日記／ファッションスクラップ／子育て日記
あさのはさん
わたしの「よるかつ」は旅の予習ノートです …… 32
優香さん
五感がはまる「言葉」を並べていく …… 33
ゆりさん
「本当にやりたかったこと」に一歩、踏み出せました …… 34
まるいおさらのうえさん
おばあちゃんになっても、描いていたい …… 35

あなたの「すき」を聞かせてください …… 36
佐藤美穂さん／キム ジアンさん／チョン チヘさん／下中友希さん
小学生もやってみた 星 壮琉くん …… 38

「すきノート」のつくりかた

つくりかた／つかいかた／シェアしてみましょう …… 40
◎選んでみましょう …… 42
大和言葉／伝統色 日本・フランス／旧暦／果物／
動物／喫茶店／パン／草花
◎思いつくままに …… 58
◎目に映る範囲で …… 76
◎記憶にもぐりこんで …… 84
◎外に出よう …… 94

認知行動療法の視点から
「すきノート」の効能とは　文・石上友梨……106

Epilogue
「ささやかな平和活動」と信じて
部屋を飛び出した「それから」のこと……108

すきノート……113

題字、カバーイラスト・甲斐みのり
帯イラスト・羅久井ハナ

ブックデザイン・高橋朱里（マルサンカク）
イラスト・羅久井ハナ（「Prologue」以外いずれも）、甲斐みのり（「Prologue」）
撮影・村上誠
組版・白石知美、安田浩也（システムタンク）
校正・ぷれす
編集・日岡和美（PHPエディターズ・グループ）

協力
喫茶gion／株式会社コロンバン／パンあづま屋／
喫茶けん／マミフラワーデザインスクール www.mamifds.co.jp

Prologue

「自分だけの星」を探して

わたしを救ってくれた1冊のスケッチブック

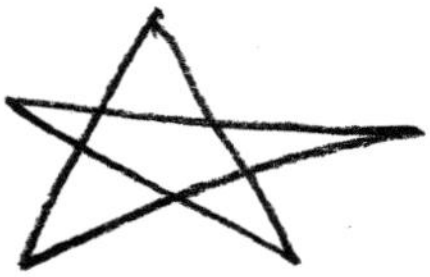

絵・甲斐みのり

「何者でもない自分」に不安を抱く

幼い頃から本がすきで、いつか本や雑誌作りに携わりたいという夢を抱いて、大阪にある芸術大学の文芸学科に進学しました。本や映画や音楽などに詳しい友人ができると、毎日が刺激的で楽しくて、ジャンルを超えてあらゆる文化・芸術の歴史や流行を吸収し、しばらくは充実した学生生活を送っていました。

けれども、卒業という現実が近づくにつれ、これからの未来や、〝何者でもない自分〟に不安を抱くようになりました。どう生きていこう。どんな仕事や生活ができるのか。次第に、明日の自分さえ想像するのが苦しくなり、電車に乗ったり、道を歩いたりしているだけで、不意に涙がこぼれてきます。心の中を黒い影が覆う鬱々とした毎日。ここから抜け出したいともがく中で、ふと思いたって購入したのが、1冊のスケッチブックでした。絵を描く友人が自分のすきな景色を見つけては、ささっとスケッチする姿がステキに思えて、自分も持ち歩いてみたいと密かに憧れていたのです。

日常的に手紙や日記で文字を綴ることは、昔から続けていた習慣のひとつ。手先が不器用で絵を描くことは苦手だけれど、絵の代わりに言葉を書き記すことなら自分でもできるような気がしまし

た。そうして「このスケッチブックを、自分が〝すき〟だと感じる言葉で埋めることができたら、きっと何かが変わる。この悲観的な状況から抜け出すことができる」と、半分は根拠のない思い込み、もう半分は切実な願いを込めて、〝すきなもの採集〟を始めました。

「よかった探し」を試みた記憶

すきなもの採集のヒントになったのは、小学生の頃に夢中になったアニメ『愛少女ポリアンナ物語』の存在。主人公のポリアンナは、どんなことが起こっても、その中からよかったと思えることを探し出す「よかった探し」をすることで、自らの幸せを切り開いていきました。そんなポリアンナの姿を手本に、よかった探しを試みた思い出が、ずっと記憶の片隅に残っていたのです。

当時のわたしは子どもながらに、大きな劣等感を抱いて日々を過ごしていました。周囲の誰かと比較しては、自分には人に自慢できることがないと、諦めたり、悲しくなったり。ところが、画面の中のポリアンナとの出会いをきっかけに、いつも通りの日常の中でも、自分だけのささやかな喜びを見つけられることに気が付きました。ハンカチにうまくアイロンをかけることができてよかった。

給食を時間内に食べられることができてよかった。図書室で読みたい本が見つかってよかった。今思えば取るに足りないようなことでも、下を向いてばかりいたわたしが、自らの力で前を向くすべを知った、大きな出来事でした。

身近な風景が、輝きはじめた！

さて、「すきノート」と名付けたスケッチブックに、小さな部屋の中で最初に書き込んだのは、「ねこ」「リボン」「水玉模様」など、ちょっとした単語や、すきな映画のタイトルやセリフ。ところが、もともと付箋で印をつけていた本の中の言葉を書き写したり、歌のフレーズを思いつく限り連ねても、すぐに限界がやってきました。まだまだノートは余白だらけ。

それならばと外へ出て、自分の家の周りを歩いてみました。

当時暮らしていたのは、大阪の大きな川の河川敷沿いを走る貨物列車専用の線路前。線路を渡り堤防にのぼると、川の流れの少し向こうに、旅客列車が行き交う鉄道橋が見えました。すぐそばには昭和の風情が色濃く残る、古い町並みが広がっています。この町並みを気に入って住まいを決めたのに、部屋に閉じこもるようになってからは、ゆっくりと散歩することもなかったことに気が付き

ました。

「すきなものはないかな」とあらためて意識して辺りを見回し、道を進むと、今までなんともなかった風景の中に、さまざまな輪郭が浮かび上がってきました。それらはひとつひとつ豊かな色彩を帯び、きらきら輝いて目に映ります。個人商店が軒を連ねる趣ある商店街や、昔ながらの喫茶店や銭湯。駅までの道沿いに並ぶ街灯も、ユニークな形をしています。身近なところに、琴線に触れるものがあると知ることができたのは、当時のわたしには大きな光でした。

次第にどんどん欲が出て、電車に乗って別のまちへ。すきだと感じたあらゆるものをノートに書き込むうちに、曇った気持ちが少しずつ晴れ、わたしの世界はみるみる広がっていきました。

「なりたい自分」に、一歩踏み出す

そうしてノートも終わりに近づいた頃、「わたしにはこんなにすきなものがある」と、前より自分に自信を持つことができるようになりました。やりたいこと、なりたい自分が見つかって、京都への引っ越しを決め、新たな生活を始めました。やりたいこと、なりたい自分は、「まちを歩き、自分のすきを綴る、〝物書き〟」です。

当時はインターネットの黎明期で、自分で何かを発信するには、手作りのフリーペーパーやミニコミ誌が主流でした。よく通っていたレコードショップで手にしたフリーペーパーの発行者に連絡をとり、その片隅に、歩いて楽しかったまちのことや、読者にもおすすめしたい自分のすきなものについて書かせてもらうようになりました。

「加点法」で世界を見渡せるように

強い意志を持って歩み始めたとき、自分を支えてくれたのが、言葉で埋め尽くされた「すきノート」です。ノートそのものをお守りとしてカバンに入れて持ち歩くことで、知らない道でもぐんぐん前に進むことができたり、主体性を持って他者と接することができるようになりました。

何より一番変わったのは、加点法で世界を見渡せるようになったこと。まちも人も、どんなものでも、誰かと何かと向き合うときには、必ずどこかに魅力的な部分があると信じて、いくつもの角度から触れてみます。先入観を持たず、できる限り平たい気持ちで……。ときに想像力を働かせることもあります。ある人はマイナスと捉えるポイントや、ちょっとしたクセだって、自分にとっては

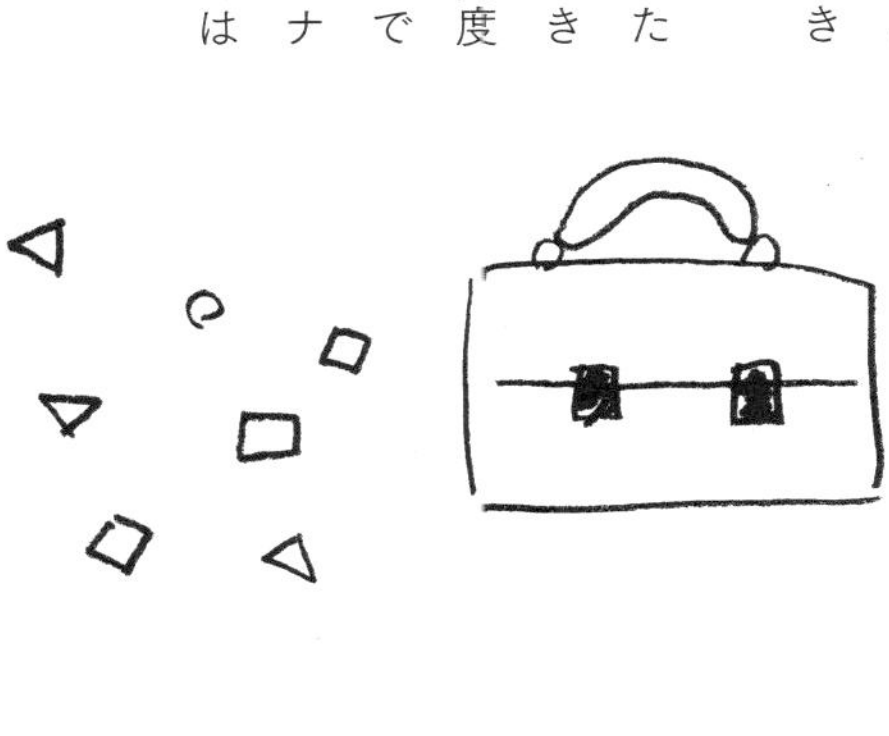

味わいや、個性と捉えることができました。

インターネットがぐっと身近になった今、平均化された「星の数」を通して、誰かの評価に触れることも日常的です。それらは便利な道標ではありますが、本当に大事なのは、自分の心で〝すき〟だと感じて慈しむこと。誰かがつけた星の数を信じるより、「自分だけの星」を探して日々を過ごすほうが、ずっと楽しい。「すきノート」をきっかけに、わたしの胸の中には、いくつもの星がまたたいています。

「豊かさ」とは、人それぞれです。仕事で成果を得られたときに豊かと感じる人もいれば、一人で静かにお茶を飲む時間を持つことが豊かだと感じる人もいます。わたしは今、なんでもない日でも、いつもの道や部屋の中でも、すきだと思うことを見つけ出して、心が満たされます。人と自分を比べたり否定したりする時間が惜しくなり、弱音や愚痴が自然と減りました。「自分と同じように他者にもすきなものがある」と理解できるようになって、人との違いを当然のこととして受け入れられるようになりました。〝すき〟に心が躍り、大切な誰かや、昔の記憶を思い出すことがある人は、空や草花、まちや人、ささやかな日々の出来事にも、愛おしさを見出すことができると思います。

まだまだ旅したい土地、歩きたいまちがたくさんあり、そこではたくさんのすきが待ち構えているでしょう。

メーテルリンクの『青い鳥』に登場する「幸せの青い鳥」のように、詩的な景色や言葉、ドラマチックな出来事は、実はすべての人のすぐそばに、平等にあると信じています。それに気が付けるかどうかは自分次第。こんなふうに考えられるようになったのも、「すきノート」のおかげです。

Let's Try !

わたしのノート

月光荘のスケッチブックなどに
文字を書き連ねるのが
長く続くわたしのスタイル。
大学時代にスタートして
20冊ほどになりました。
最初はきっちり
自分でルールをつくっていましたが
今は自由に〝すき〟を綴っています。
そんなわたしのノートをお見せします。

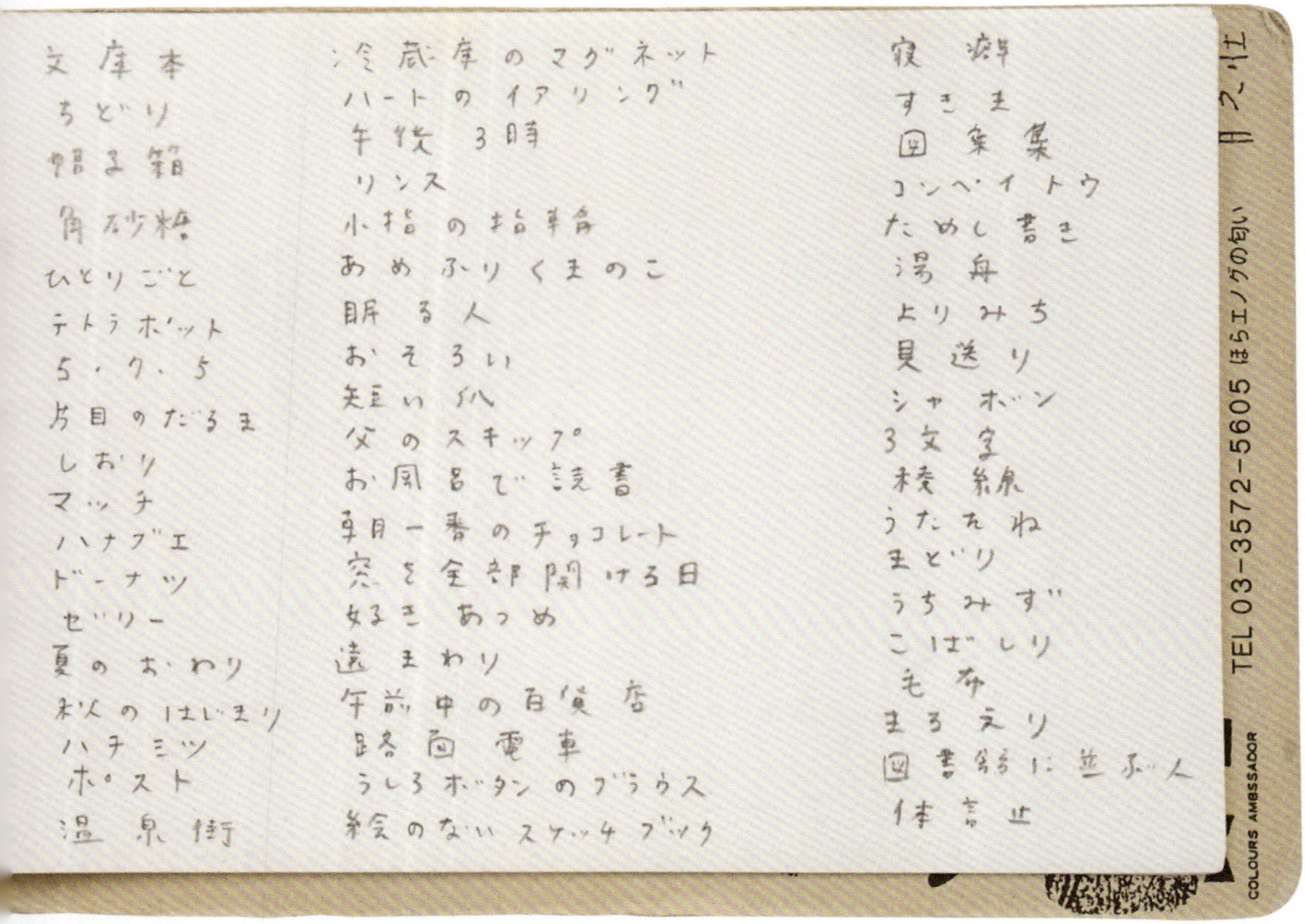

大学時代に「すきノート」を始めた当初、自分の中でつくったルールが、1ページにできるだけ隙間なくぎっしりと、きっちり丁寧に言葉を書き連ねること。当時のわたしは、自分を変えたい、鬱々とした毎日から抜け出したいと、その一心。絵馬に願いごとを書くように、真剣にノートに向かっていました。今思えば、マイナス思考や減点法の考え方から抜け出したい、自己肯定感を高め、〝わたし〟という主語をもって話せるようになりたいという心の動きがあったのだと思います。20年来愛用しているのは、大正6年創業の老舗画材店「月光荘」オリジナルのスケッチブック。ポストカードに近いサイズで持ち運びしやすく、カラーバリエーションも豊富。いつも書き物をするとき使っている鉛筆とも相性がいい紙質で、気に入っています。一日の始

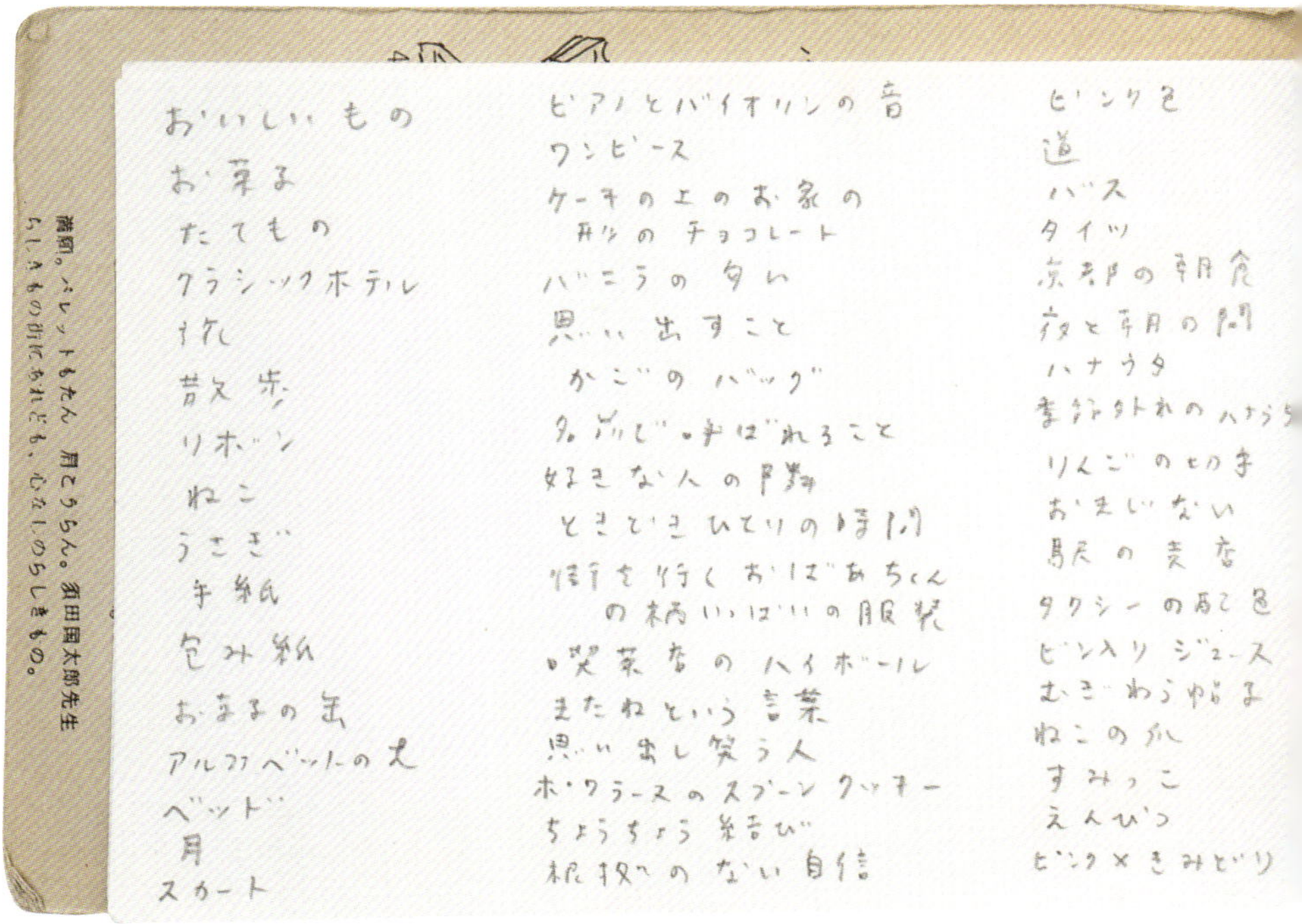

単語や、誰かの言葉、本で見つけた言葉や映画のセリフ、歌の歌詞。〝すき〟と感じたものはなんでも書いていいというのが、自分で決めたルールです。

「すきノート」を始めた頃はスマホがない時代でしたが、今は身軽に出かけることも多いので、スマホのメモ機能にすきを綴ることが増えてきました。

まりと終わりに静かに自分と向き合って。立ち寄った喫茶店や公園のベンチで。旅先のホテルの部屋で……。さまざまなシチュエーションでノートを開きます。人の目は意識せず、自分だけのすきを綴る場。自由に、素直に、ノートを言葉で埋めるうち、前より気持ちが強くなりました。そうして、すきが詰まったノートをお守りのように持ち歩くことで、世界は〝わたしがすきなこと〟であふれていると、あらためて気が付いて、嬉しくなるのです。

「gion」は20代の頃から20年以上通い続けている喫茶店。メニューからも内装からも、店主の〝すき〟を感じられて、たまらなく居心地がいいのです。

喫茶店

すきがわたしを支えてくれている

gion

東京都杉並区阿佐谷北1丁目3-3
川染ビル 1F／TEL03-3338-4381
年中無休 ／全面禁煙
営業時間 9:00〜24:00（金土のみ25:00まで）
1980年に阿佐ヶ谷駅前で創業。ブランコ席をはじめ店主の美意識にあふれた空間。ナポリタンが絶品。

ブローチ

宝石よりもブローチをつけて出かけるのがすき。いつもその日の気分で選んでいます。猫、スワン、リスと、動物モチーフのものがたくさん。

大学時代から集めている喫茶店のマッチ箱。小箱ながら多彩なデザインが魅力です。今はなきお店もあり、記憶のかけらとして大事にしています。

マッチ箱

店主の美意識や趣味性が色濃いモダンな内装の喫茶店に身を置くと、何者でもない自分でも、映画や小説など物語の登場人物になれたような気がして、心地よく思えます。まちじゅうに、第二の自分の部屋があるような心地で、いろいろな店へ赴きます。喫茶店通いと同時に収集を始めたのがマッチ箱。手のひらにおさまる芸術作品と呼べるような美しいデザインにあふれ、喫茶店の記憶のかけらとして愛おしい存在に。マッチ箱がすきと口にしていたら、友人から旅のおみやげにもらうことが増え、声にすると次のすきを引き寄せることも実感しました。喫茶店をはじめ、すきな場所へ出かけるときに、お気に入りのブローチを身につけます。胸元に自分の印を掲げているようで堂々とできたり、支えられているという安心感が生まれたりするのです。

クラシックホテル

「山の上ホテル」「赤倉観光ホテル」「奈良ホテル」など、歴史あるホテルで求めた、カードやステッカーなどのオリジナルグッズやマッチ箱。

日々、すきなものに支えられて過ごしています。苦手だった朝を楽しみな時間に変えることができたのも、すきの力。朝、大すきな甘いものを味わう「朝おやつ」を習慣化してから、なんだかちょっと憂鬱な日も、待ちに待った休日も、機嫌よく一日をスタートできるようになりました。忙しい時期は、すきなことを近い未来の計画に組み込み乗り越えます。クラシックホテルと呼ばれる、幾多の物語を秘めた歴史ある老舗ホテルや名建築がよりどころでもあるので、そのために旅に出たり、まち歩きをしたり。旅や散歩では、その土地やまちに根付くパンやお菓子を買い求め、公園やホテルの部屋で味わうのも至福の時間。〝すき〟は、心地よく、機嫌よく生きるためのスイッチのような存在。今を生きる自分の支えになっています。

朝おやつ

スポンジ生地とイチゴのババロアを合わせた、老舗洋菓子店・コロンバンの「ババロアエリート」は、朝おやつの定番。味はもちろん、見目麗しい姿も好みです。

地元パン®

その地域を代表する昔ながらのパンを「地元パン®」と名付けて、フィールドワークを続けています。石川県「あづまや」はパン袋のデザインも愛おしい。

ワンピース

ジェリービーンズをモチーフにした、ミナ ペルホネンのワンピース。20年近く前に購入したものを、まだこの先も着続けられるように、最近お直ししました。

今でこそ、そんなに思い悩む必要はないよと昔の自分に声をかけてあげたいですが、若い頃は、容姿やファッションセンスに大きなコンプレックスを抱いていました。あるとき雑誌を開いて目に留まったのが、皆川明さんが立ち上げてまもないファッションブランド「ミナ（現・ミナ ペルホネン）」の記事。ストーリー性のあるテキスタイルデザインや、皆川さんが語る、もの作りへの真摯な姿勢に胸を打たれて一目惚れ。これから先の人生、ミナのワンピースに身を包んで生きていきたいと、必死に仕事に取り組んできました。お気に入りのワンピースに身を包むとき、しゃきっと背筋がのびて、不思議と力が湧いてきます。「このワンピースに恥じない自分でいたい」と、すきなものに抱く敬意が、気持ちを強くしてくれるのかもしれません。

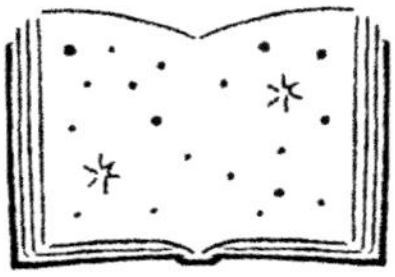

あの人のノート

〝すき〟が詰まったノートは
その人そのもの。
みんなどんなふうに
どんなことを綴っているのか
ノートを見せてもらったり
お話を聞かせていただいたりしました。
書き方も、取り組み方も、
自分のペースとやり方で。
自由だからこそ輝いています。

「お守り」みたいに持ち歩いています

井上咲楽さん

タレント

いのうえ さくら

1999年栃木県芳賀郡益子町出身。第40回ホリプロタレントスカウトキャラバン特別賞受賞。トレードマークにしていた太い眉毛を卒業し、話題に。ABCテレビ「新婚さんいらっしゃい！」、NHK Eテレ「サイエンスZERO」などのレギュラー番組ほか、数々のバラエティ番組で活躍。趣味は発酵食品を使った料理とマラソン。フルマラソンの自己ベストタイムは3時間26分06秒（ネットタイム）。

日ごろから書くことが大すきです。母の影響で始めた「3年日記」や「料理ノート」、候補者の実績とかを記録する「選挙ノート」を続けています。

日記は一日の終わりに、ネガティブなことを書くことのほうが多くって。わたしは「人生、楽しいですか？」と聞かれたら「なんとなく、しんどい」って答える気がするんですが（笑）、よく考えたら日々、楽しいことって、ちょっとずつあるんですよね。「バナナジュース、おいしかったなあ」なんていう些細なことでも忘れないように、「すきノート」に書き留めています。

人からは、料理、マラソンや選挙など「すきなモノが多い」と思われがちですが、「そんなことない」といつも思っています。どこか飽き性な面があって、「誰にも負けない武器」のようなものを、ずっと探している気がするんです。仕事柄、多彩な才能を持つ方に囲まれていますし、SNSを見ると、

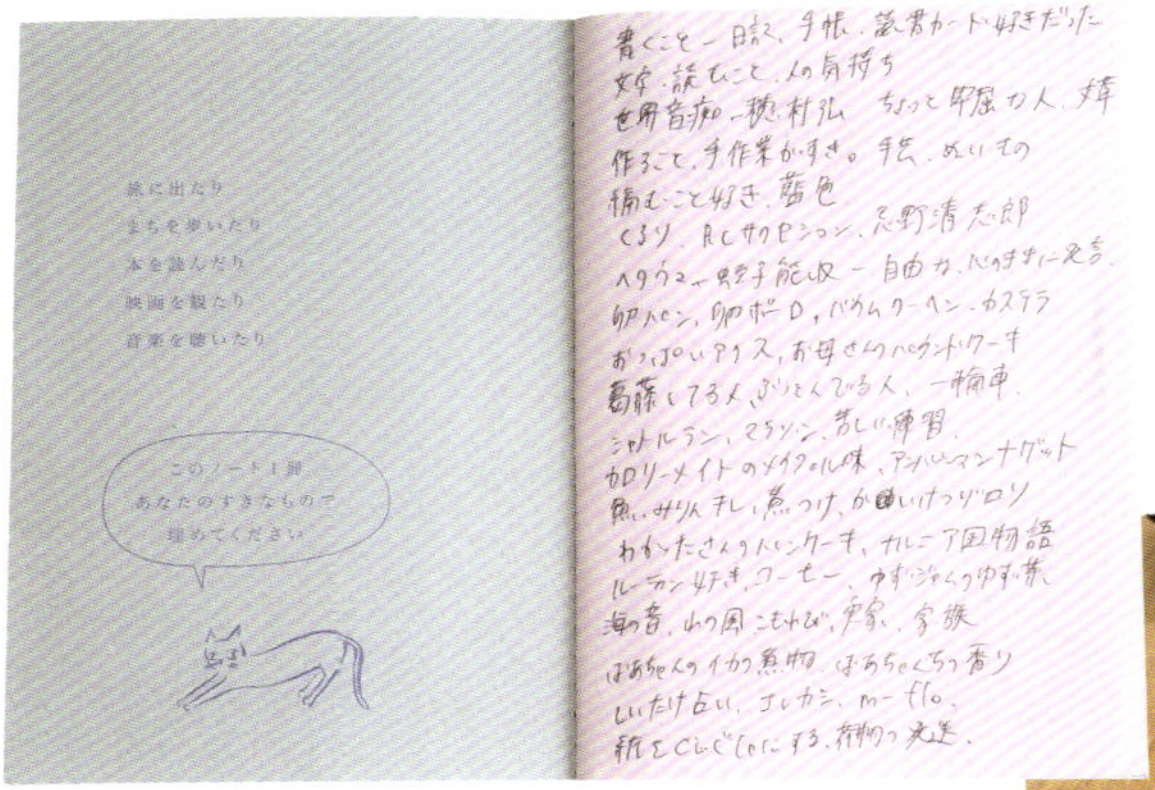

「すきノート」を愛用
（甲斐みのり×網中いづる）

ノートはカバンに忍ばせて、移動中やロケ中にも、思いついたらサッと書くのだとか。

筆マメな 咲楽さんの 多彩なノート

中学生から始めた「3年日記」。社会人になった今、「5年日記」に移行しようと考えているとか。

選挙ノート

共演者が「何書いてるの?」なんて話しかけてくれて盛り上がるんです。

「あの人はこんな趣味があっていいな」なんて、他人と自分を比べがちです。

でも「すきノート」のいいところは、「すき度合いを測られないこと」だと思っていて。「これを『趣味』と言っていいんだろうか」なんて気にせずに、思いつくままに書いています。「すきなモノは何ですか?」って聞かれたときに、「風の音がすきです」とは言いづらい。けど「すきノート」なら、どんなに小さなことでも書き留めておけます。

読み返すと、「ああ、わたしにはこんなに『すき』があったんだ」って再発見できて、お守りみたいに、味方になってくれる気がしています。

〝すき〟を読み返すのが楽しみです。

「すきノートの種類はたくさんあっていい」と杉浦さん。旅、ファッション、子育てと多彩な「すきノート」たち。

あふれ出る「すき」は、とりあえず貼っておく

杉浦さやかさん
イラストレーター

uniのペン、ファーバーカステルの色鉛筆、ALLEXのはさみ、マスキングテープとのりが必需品。

表紙はお気に入りのDMや絵ハガキなどを貼っておしゃれに。

仕事場の棚に納められた「すきノート」たち。高校生のときから始めて100冊は超える。

高校時代から日記や、すきなモノのスクラップを続けています。理由は「楽しいから」。あふれ出る「すき」を、とりあえず貼るんです。紙がすきで、資料や、人から頂いた手紙でもなんでも、「貼っちゃえ」という感じ。いつでも見返せるようにしています。家にいたら、大すきな紙も「やってこない」から、それを見つけに行く、採りに行くという気持ちで、お出かけも楽しんでいます。

「すき」に迷いはないです。貼るということは、自然と選択して可視化されるわけで、それが大きいかもしれません。数十年前のファッションだって、今見てもおしゃれだなあと思うし。すきなものの傾向って、あまり変わらないかもしれません。

わたしは朝、仕事始めに筆慣らしのように描くスタイル。お出かけの記録も、翌朝、楽しかった記憶だけを思い出してワーッと描きます。翌日くらいに描くほうが、ふるいにかけられてい

ペタペタ日記

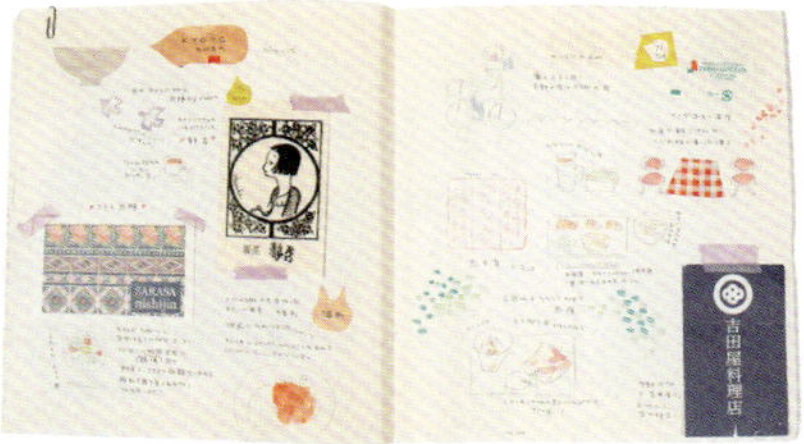

チラシを貼るから
大判ノートを使用。

なんでもペタペタ。その日の服装なども記録。お出かけの記録は楽しかったことだけを（「心の叫び」は別ノートで）。

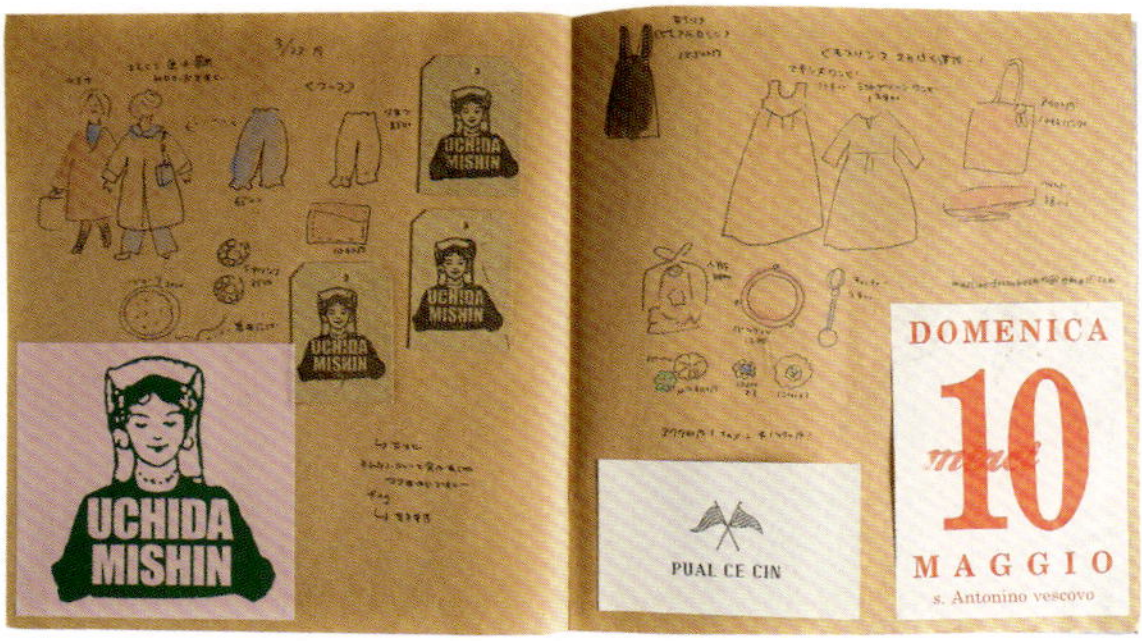

荷物に貼られていたマスキングテープも、きれいで捨てるのがしのびないので、貼っておく。

ファッションスクラップ

高校時代から続けているファッションスクラップ。ファッションの教科書にしていた「mc Sister」のセレクト集をつくったことがきっかけ。イラストの参考にすることも。

子育て日記

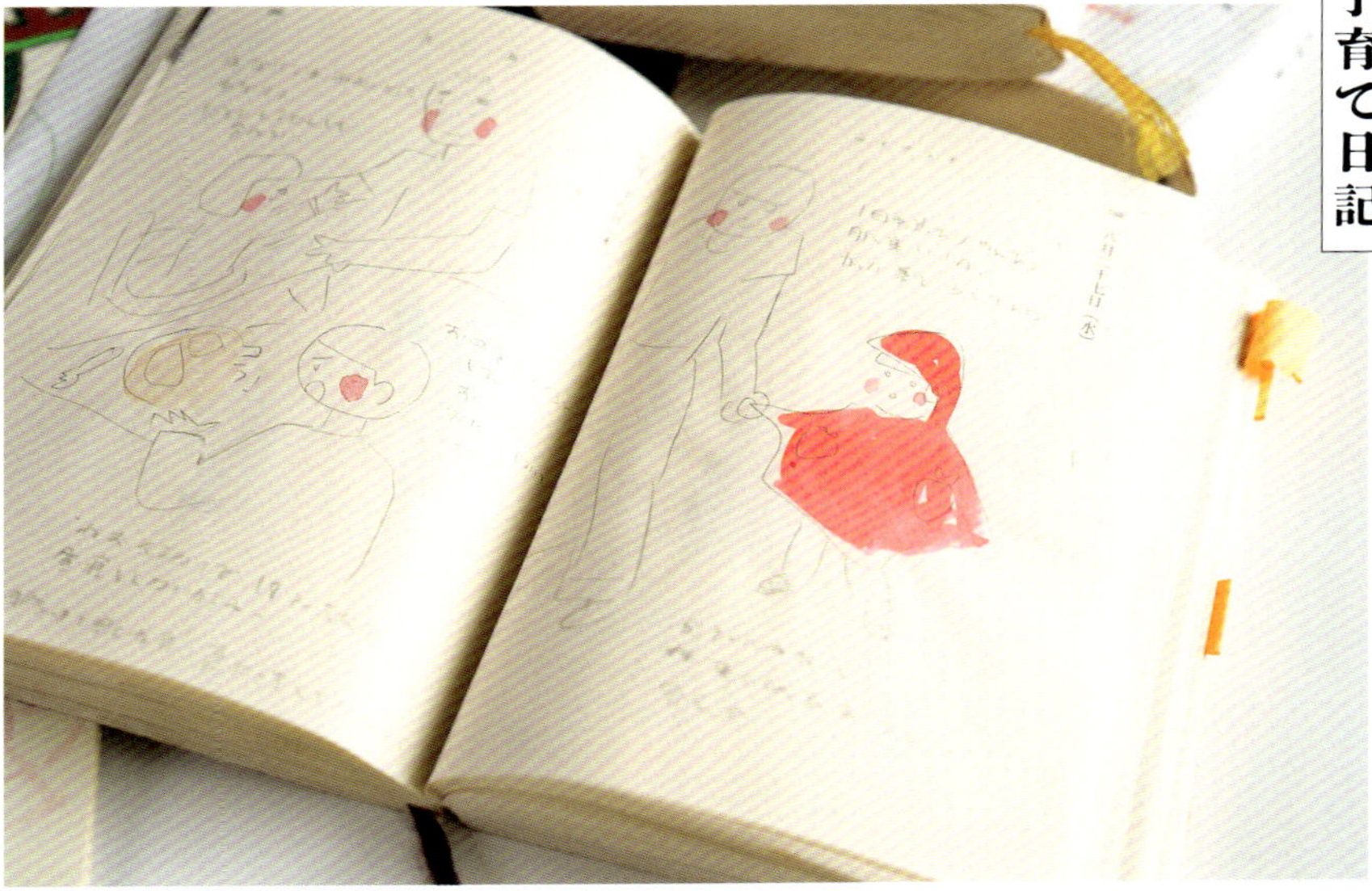

娘が5歳になるまで記録していた「子育て日記」。

新潮文庫『マイブック』に記録。表紙には、子どもの絵を。

い感じです。

続けるポイントは、「こだわらないこと」。ノートの大きさや文房具、描く頻度も決め過ぎない。人に見せるものでもないし、楽な気持ちで。時間がないときは、とにかく紙を挟んでおくのでもいい。でも見返す時に楽しいから、気分が乗ったときに「色」を付けるようにしています。

もちろん、すきがあれば、嫌いもある。「心の叫び」は、別のノートにワーッと綴ります。私はペンを通さないと自分の想いが出てこないので……。描くことで整理して、自分を見つめ直しているんです。

すぎうら さやか

1971年愛知県生まれ、兵庫・東京育ち。日本大学芸術学部美術学科卒業。在学中からフリーのイラストレーターとして活動。女性誌や書籍の挿絵、エッセイで人気を博す。『ニュー東京ホリデイ』『世界を食べよう！旅ごはん』『たのしみノートのつくりかた』（すべて祥伝社）など著書多数。

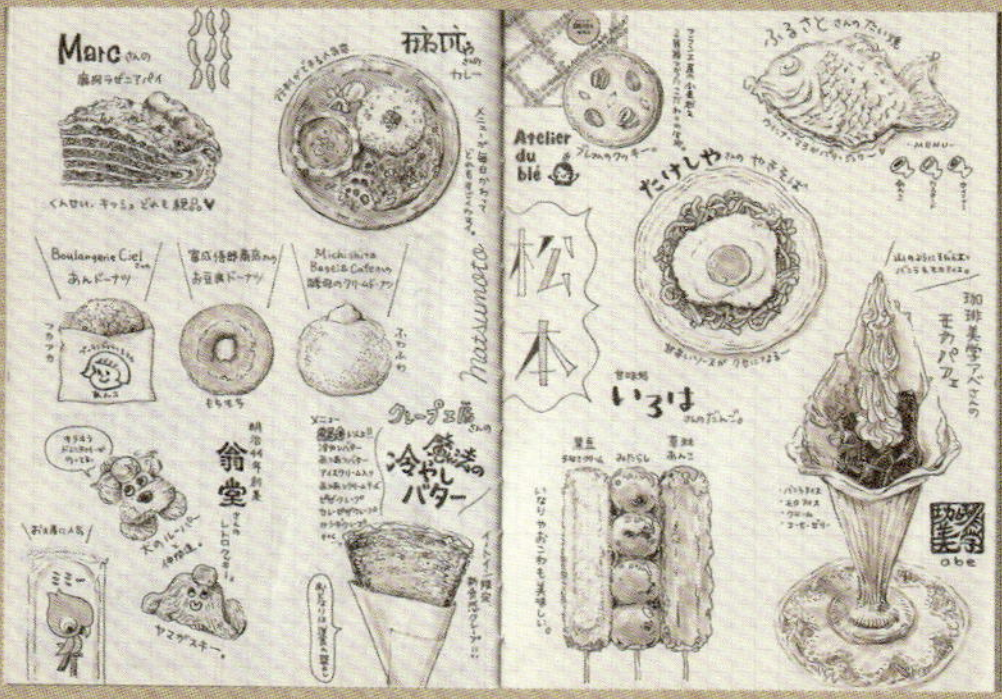

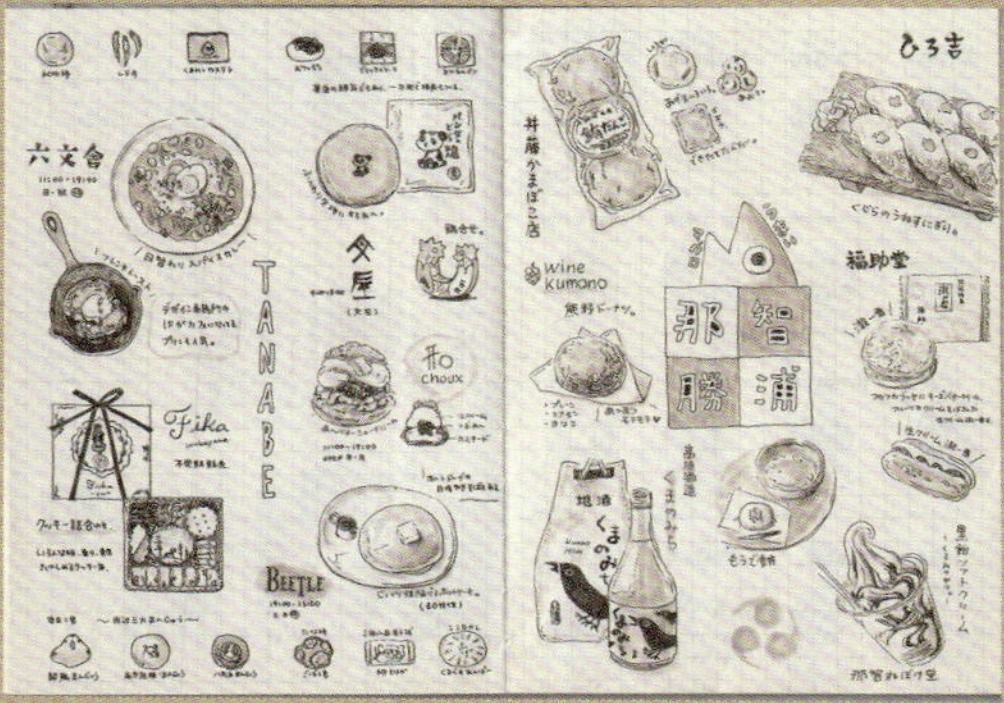

ノートにこだわりはない（写真はA6サイズの無印良品5㎜方眼ノート）。鉛筆で下書きをして、ボールペンで描く。影は筆ペンで。X（あさのは）にも作品をアップ。

あさのはさん
長野県／40代

わたしの「よるかつ」は旅の予習ノートです

食べることが大すきで、中でも甘いものがすきです。遊びに行くとき、「せっかくなら名物のお菓子が食べたい」と思い、3年前から、ノートに予習の意味で絵を描くようになりました。こうしないと、景色などに気をとられて、行きたかったお店を忘れてしまうからです。写真やチラシを貼ろうかとも思いましたが、印刷が面倒で（笑）。絵を学んだり、仕事にしたりしたことはないんですが、「よるかつらくがき」と称して、寝る前の時間に描いています。出かける場所が決まったら、1カ月くらい前から情報収集をして、「これは外せない」と思うお菓子から描き始めます。予習なので、実際には訪れなかったお店もあるけれど、ノートを見返して旅の余韻に浸っています。3冊ほどノートが溜まりましたが、いつか、実際に訪れたお店だけ――かつケーキ屋だけ、建築だけなど、テーマごとに分けて描き直してみたいです。

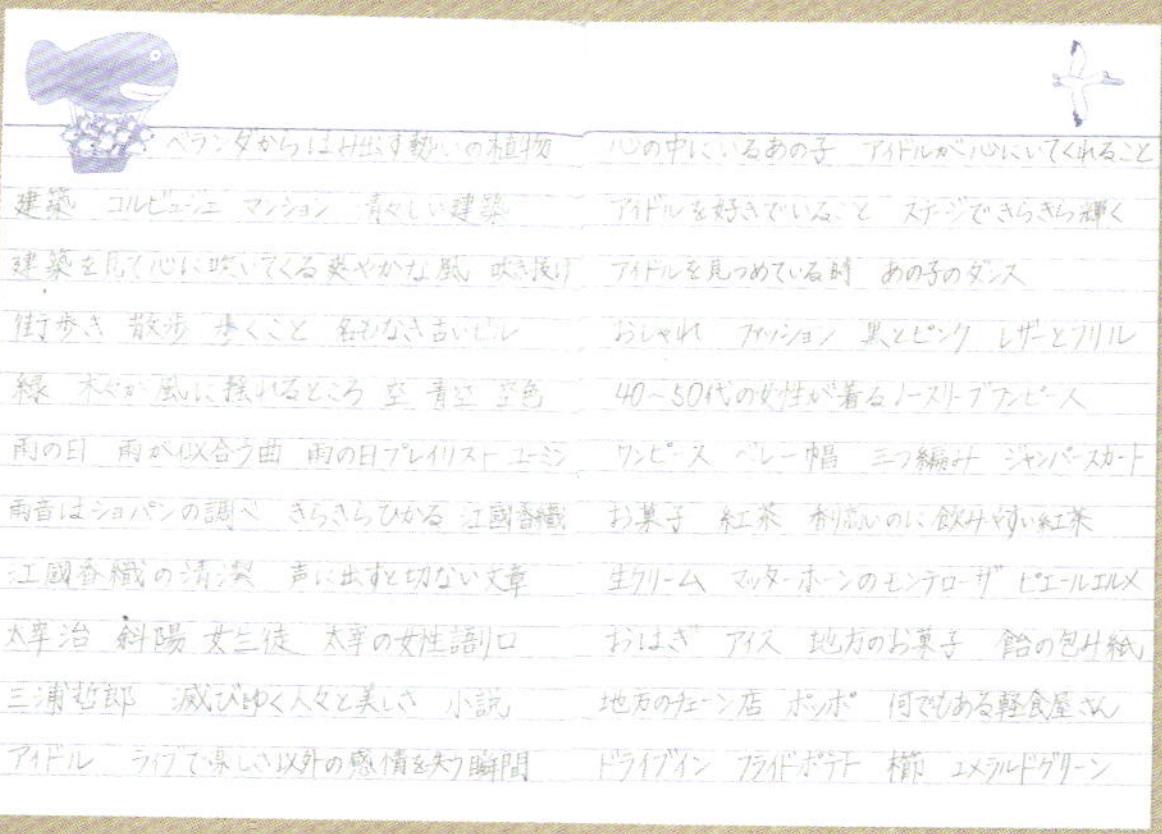

直感で「すき」と思えるものを、鉛筆で言葉にして並べていく。
「ほかにルールはありません」と優香さん。

優香さん
東京都／20代

五感がはまる「言葉」を並べていく

「11ぴきのねこ」がすきで、お気に入りの1冊を「すきノート」に。

アップルの日記アプリ「ジャーナル」に、気楽に日々のことを綴る。

高校時代に甲斐みのりさんの書籍に出合い、お菓子や地元パン®など、食にまつわるカルチャーに惹かれるように。「こんな感受性が自分の中にあったんだ！」と衝撃的でした。甲斐さんの影響で「すきノート」も開始。日ごろ思ったことはパパッと、スマートフォンでアップルの日記アプリ「ジャーナル」に記録することが多いですが、その後、ふるいにかけるように、純粋な「すき」だけを「すきノート」に綴っています。「すき」と思ったときに言葉を探して、五感がはまると、ノートに清書するんです。でもこの間、「スピッツ」と書いた後、すきな理由も綴ってみたのですが、どこか違和感を覚えて。直感で「すき」と思えることが大切で、理由はいわば、後付け。理屈を並べるのはやめようと思いました。将来が不安になるときもありますが、「すきノート」が自分を肯定してくれて、心強いです。

ハードカバーの布クロスノート（無印良品）を使用。
筆記具は気分に合わせて選択。

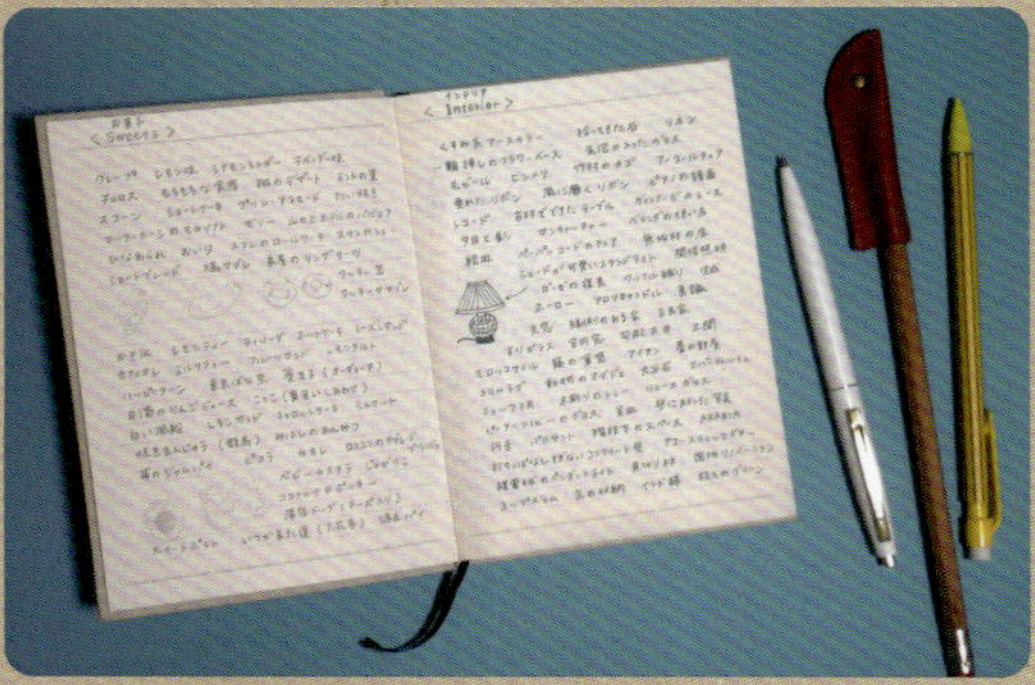

これまでに作成したZINE。フィルムカメラで撮った「食」のある風景や、エッセイをまとめて作品を作成中。

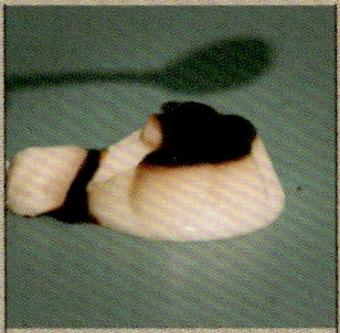

ゆりさん
神奈川県／30代

「本当にやりたかったこと」に一歩、踏み出せました

会社員としてインテリア関係の仕事をしています。日ごろからアイデアの種として、「すき」と感じたモノや組み合わせなどをノートに書き留めています。次第に、心地よさを感じるポイントが近い人とつながりたいという想いがわいてきました。自分の「すき」を見える形でまとめてみようと、ZINE※の作成を開始。昔から喫茶店を開くことが夢だったのですが、単に「飲食店をやりたい」というのとは少し違って、心地よい時間を過ごしながら、それぞれの日常にある小さな幸せを見つめ直せる場所をつくりたいのだと気付きました。そこで、今はまだ存在しない〝本の中の架空の喫茶店〟というコンセプトで、本を作成。イベントで販売すると、いろいろな方に出会うことができ、「これからもぜひ続けてください」と温かい言葉をかけていただいたことも。「すきノート」が、やりたかったことに一歩踏み出す後押しをしてくれました。

※ジン。非営利で発行する自主出版物

トラベラーズノートの画用紙リフィルを愛用。インスタグラムのアカウント名でもある「maruiosaranoue（まるいおさらのうえ）」は、「まるいおさらばっかり描いてるな」とハタと気が付いて命名。

まるいおさらのうえさん

東京都／20代

おばあちゃんになっても、描いていたい

ノートの見開きいっぱいに、ごはんの記録などを描き残しています。「食べること」が大すきで、子どもが生まれた今も、夫と協力しながら互いの「すき」の時間を確保。大すきなまちや、気になる飲食店に出かけていきます。事前リサーチした店を訪れたら、写真に記録。後日、記憶を絞り出して構図を考え、下書きし、色鉛筆で彩色していくんです。これがバランスよく、見開きいっぱいに文字と絵がおさまると嬉しい。学生時代から趣味で始めて、インスタグラムにもアップするようになりました。絵は独学で、仕事で使うこともないのですが、気が付けばどこかにサッと描いてしまう。飽き性な私がこれを10年も続けてこられたわけで、もはや「一生の趣味」にしたい。おばあちゃんになったら描くものは変わると思うけれど、でも何かしら、色鉛筆で描いているんだと思います。

あなたの「すき」を聞かせてください

マミフラワー
デザインスクール講義
「自分の星をみつけよう」
（2024年7月25日）

わたしは長年にわたり、講演会などで「すきノート」のすすめとして、「自分の星をみつけよう」と題したお話をしています。まずはA4用紙に思いつくまま「すき」を3つずつ書いてもらい、最後に発表し合うのです。

「すきノート」は基本、誰に見せるものでもないけれど、誰かの「すき」をのぞいてみると、まるで詩のように美しい。「すき」を話す人の目は、きらきらと輝いています。互いの深いところを知ることができるような気がして、ここでは、「勇気を持って発表してほしい」とお伝えしています。サッと書ける方、うーんと悩まれる方、ためらわず発表される方、発表しない方と、さまざまです。

ここでは、老舗のフラワーデザインスクールの講義の様子をご紹介します。

質問事項		
	1	深く考えずに、思いつくまま、好きなモノやコトを３つ書き出してください
	2	今、目に映る範囲で、好きなモノやコトを３つ書き出してください
	3	子どもの頃や、昔の記憶の中から、好きなモノやコトを３つ書き出してください
	4	自主課題～家・宿までの帰り道に見つけた好きなモノを書き出してください

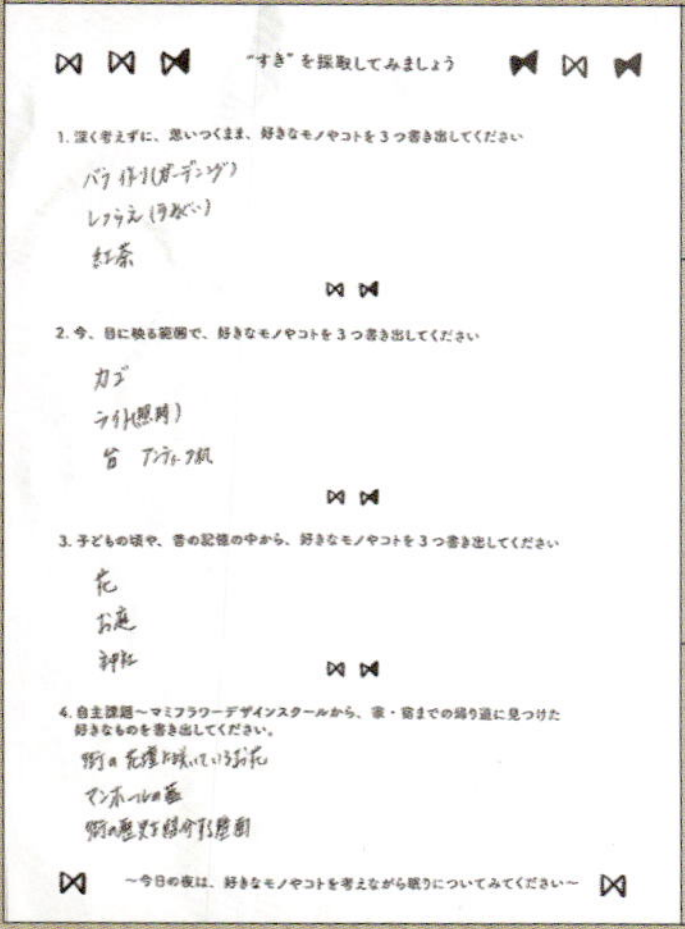

"すき"を採取してみましょう

1. 深く考えずに、思いつくまま、好きなモノやコトを３つ書き出してください

バラ作り(ガーデニング)
しつらえ(手ぬぐい)
紅茶

2. 今、目に映る範囲で、好きなモノやコトを３つ書き出してください

カゴ
ライト(照明)
アンティーク机

3. 子どもの頃や、昔の記憶の中から、好きなモノやコトを３つ書き出してください

花
お庭
神社

4. 自主課題～マミフラワーデザインスクールから、家・宿までの帰り道に見つけた好きなものを書き出してください。

街の花壇に咲いているお花
マンホールの蓋

～今日の夜は、好きなモノやコトを考えながら眠りについてみてください～

佐藤美穂さん
熊本

看護師をされていた佐藤さん。わたしがかつて人と比べて自信をなくしていたことに、「自分と重なった」とおっしゃいます。ガーデニングや手ぬぐいなど季節のしつらえ、祖母や母が育てていたお花など、美しい「すき」の風景をお話ししてくださいました。

1 バラ作り（ガーデニング） しつらえ（手ぬぐい） 紅茶
2 カゴ アンティーク机
3 花 お庭 神社 4 マンホールの蓋 など

KIM JIAN
（キム ジアン）さん
韓国・ソウル

フラワーデザイナーのキムさん。お仕事でいろいろな国を周ることから、「目を覚ましたとき、目に映る天井が国によって違うことが『すき』。前に滞在した国の友を想って涙する」と、独特な「すき」を教えてくださいました。隣に座っていた友人が、昔の記憶から「すき」を書き出す際、「きれいな髪が自慢だったのに、歳を重ねてそう言えなくなった」とポロポロと涙をこぼしていたのですが、背中をさすりながら「その涙が美しい」と綴られていたことも、印象的です。

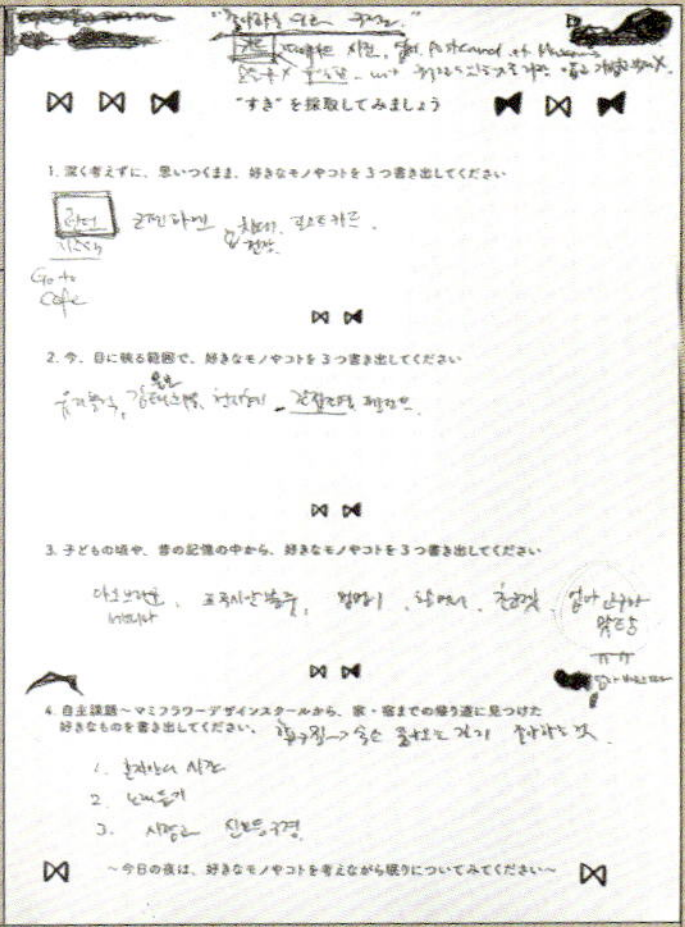

1 ロンドンのチジック地区のカフェ　コペンハーゲン　ベッド＆天井　ポストカード
2 （教室で目にした）キューブのガラスブロック　友人の涙　間接照明
3 ダークブラウン（セピア色）　プルシアンブルー　犬　おばあちゃん　チョコレート　母がつくる大学芋
など

CHEON JIHYE
（チョン　チへ）さん
韓国・ソウル

貿易会社の理事を務めるチョンさん。「すきなものがたくさんある」と、講義で一番に手を挙げて発表してくださいました（わたしが着ていた緑のワンピースも褒めてくださいました）。「『すき』を自ら問うという、本質的なことを引き出してもらいました」と、お話しされていました。

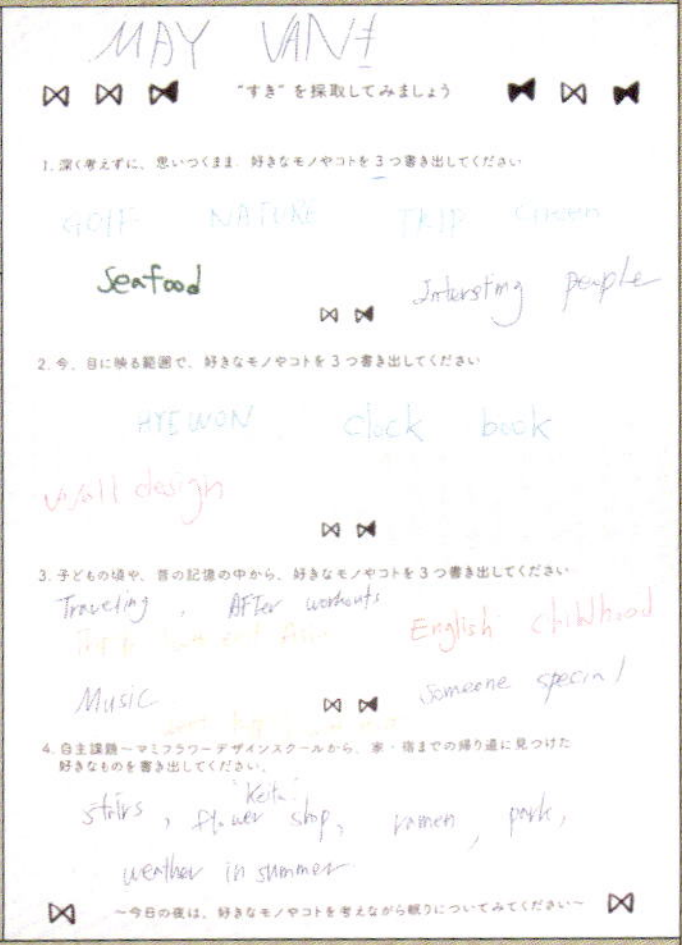

1 ゴルフ　自然　旅　緑　シーフード　面白い人
2 ジョン・ヘウォン先生（マミフラワーデザインスクールの先生）　時計　壁のデザイン
3 旅行　運動のあと　英語　子どもの頃　音楽　東南アジアの旅　母との買い物
4 階段　フラワーショップ「Keita」　夏　ラーメン　公園
など

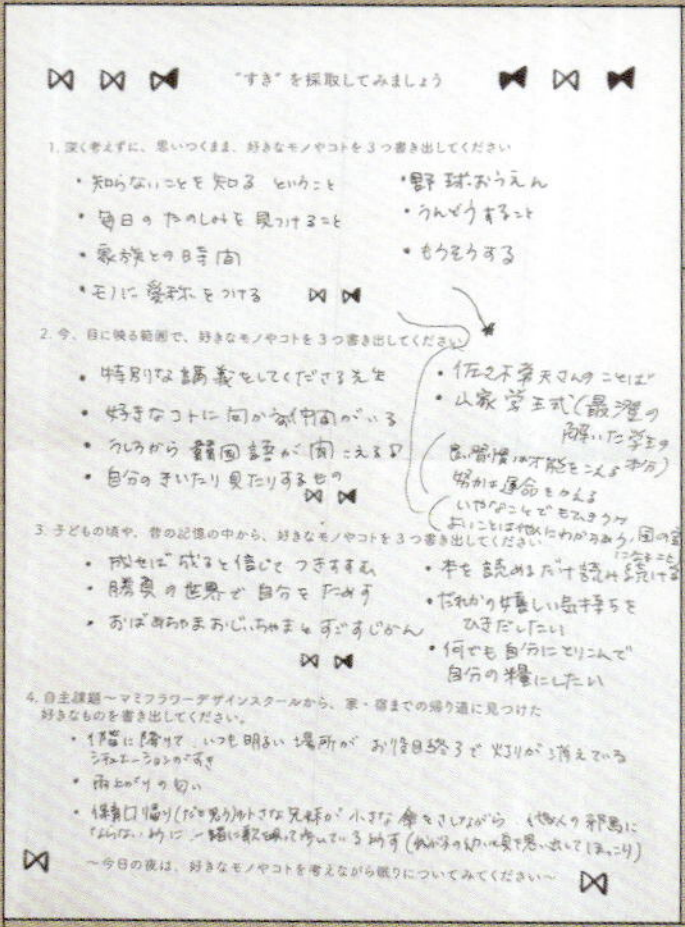
"すき"を採取してみましょう

1. 深く考えずに、思いつくまま、好きなモノやコトを3つ書き出してください

・知らないことを知るということ
・毎日のたのしみを見つけること
・家族との時間
・モノに愛称をつける
・野球おうえん
・うんどうすること
・もうそうする

2. 今、目に映る範囲で、好きなモノやコトを3つ書き出してください

・特別な講義をしてくださる先生
・好きなコトに向かう仲間がいる
・うしろから韓国語が聞こえる♪
・自分のきいたり見たりするもの
・佐々木常夫さんのことば
・山家学生式(最澄の解いた学生の本分)
習慣は才能をこえる
努力は運命をかえる

3. 子どもの頃や、昔の記憶の中から、好きなモノやコトを3つ書き出してください

・成せば成ると信じてつきすすむ
・勝負の世界で自分をためす
・おばあちゃまおじいちゃまとすごすじかん
・本を読めるだけ読み続ける
・だれかの嬉しい気持ちをひきだしたい
・何でも自分にとりこんで自分の糧にしたい

4. 自主課題〜マミフラワーデザインスクールから、家・宿までの帰り道に見つけた好きなものを書き出してください。

・1階に降りて いつも明るい場所がお役目終了で灯りが消えているシチュエーションがすき
・雨上がりの匂い

〜今日の夜は、好きなモノやコトを考えながら眠りについてみてください〜

下中友希さん

東京

たくさんの「すき」を用紙に記入してくださった下中さん。発表の際に、「家族でいろいろなものに愛称をつけて楽しんでいます。日々が明るくなるし、ものを大切にできるから」とおっしゃったことが印象的です(最近入手した洗濯機は、餅に似ていることから「モッチー」と命名されたそう)。

1 家族との時間　モノに愛称をつける
2 うしろから韓国語が聞こえる
3 おばあちゃまおじいちゃまとすごすじかん
4 雨上がりの匂い　いつも明るい場所がお役目終了で灯りが消えているシチュエーションがすき

など

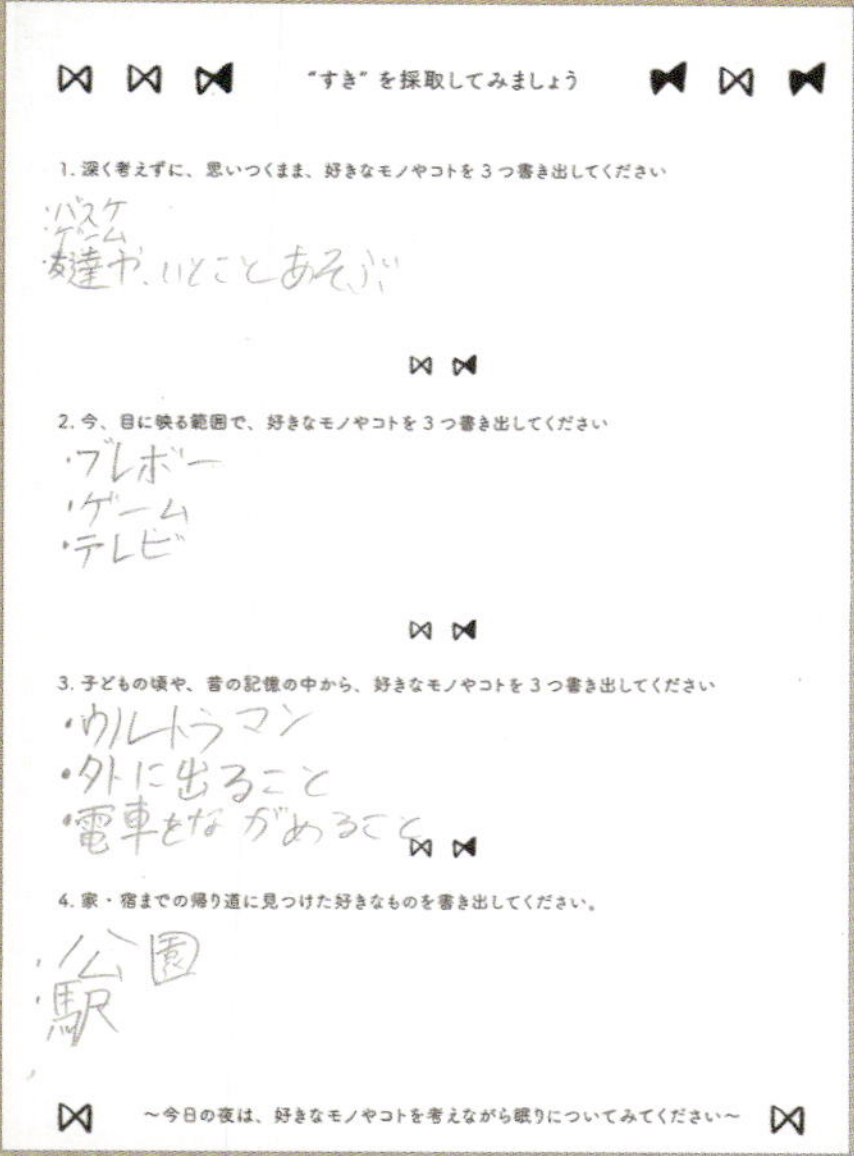
"すき"を採取してみましょう

1. 深く考えずに、思いつくまま、好きなモノやコトを3つ書き出してください

バスケ
ゲーム
友達やいとことあそぶ

2. 今、目に映る範囲で、好きなモノやコトを3つ書き出してください

・ブレボー
・ゲーム
・テレビ

3. 子どもの頃や、昔の記憶の中から、好きなモノやコトを3つ書き出してください

・ウルトラマン
・外に出ること
・電車をながめること

4. 家・宿までの帰り道に見つけた好きなものを書き出してください。

公園
駅

〜今日の夜は、好きなモノやコトを考えながら眠りについてみてください〜

小学生もやってみた

小学生が集まる場でも講演をおこなうことがあります。「すきなものがある人は『強い』」とお話ししています。その数の多い、少ない、深い、浅いは問いません。自分の「すき」がある人は、人を批判する暇もありません。子どもたちに困難が訪れたとき、きっと「すき」に救われると信じています。

星壮琉(ほし たける)くん

千葉/小学校5年生

「すきノート」のつくりかた

「自由でいいんです」
と言われても、どうやって
ノートを書き始めたらいいか、
迷うこともあるでしょう。
そんなときのために
「はじめの一歩」を
レッスンしてみましょう。

つくりかた

ノートは、お気に入りの1冊であればなんでもOKです。

加点法でものごとをながめましょう。
加点法、減点法とは、考え方のクセのようなものです。「すき」を探すには、限られた環境のほうが実は面白い。せっかくなので、「すきノート」は「すき」でいっぱいにしましょう（愚痴や弱音は、別のノートに記してみるのはどうでしょう？）。

まずは1冊！　書ききることを目標にしてみてください。
ゆったり、ゆっくり、気長に取り組みましょう。
それでも毎日続けると、自分の心のコンディションがわかります。

まるでスタンプカード！　「すき」採集に出かけましょう。

——とはいえ、ややこしいルールはありません。
自分なりのアレンジで、「すきノート」を楽しみましょう。

ウェブショップ「Loule（ロル）」にて、甲斐みのり製「すきノート」も販売しています。左から880円、網中いづるイラスト版990円（いずれも税込）。※右端の「富士宮のすきを集めるノート」は終売。

つかいかた

いつでもカバンの中に入れて持ち歩き、思いついたときにすぐメモ。
自信をなくしたときの「お守り」代わりに。
見せ合いっこをして、お互いを知るための手段に。
友だち同士一緒になって、「すき」を探す旅に出ましょう。

とっておきのノートを、
贈り物やおみやげに
しても嬉しい。

シェアしてみましょう

自分の「すき」を、
ＳＮＳで他者に伝えてみましょう。

ぜひ巻末のノートに書いた、
あなたの「すき」を、SNSで
シェアしてみてください。

選んでみましょう

「すきが浮かばない」と
悩む方は、まず、
すてきな絵の中から
直感で「すき」を
選んでみてください。

「すきノート」を始めた頃は、ノートを埋めたい一心で、写真集や辞書、あまりなじみのない専門書まで開いて、言葉や挿絵や風景と、すきだなあと感じるものを探しては書き写していました。中でも、フランス語の辞書に掲載されている例文、日本の伝統色についての本、俳句の季語辞典は、こんなふうに感情を表すことができるのかとか、同じ空でも季節や時間でこんなにも違って見えるのかと、感心しきり。語彙や表現、景色の見え方が広がっていきました。

今自分がいるところから、辺りをぐるりと、じっくりと見回してみます。言葉、絵、写真、デザイン、音、香り、味、色、形、質感……。さまざまなモノやコトが、自分を取り巻いていると気が付くでしょう。目で見えるものや、見えないけれど感じ取れることの中に、心地よさを覚えるものがいくつもあるはず。理由はあってもいいし、なくてもいい。すきという感覚を素直に信じて、ノートに綴る楽しさを体験してください。

大和言葉

暁［あかつき］
夜が明けかかって、少し明るくなる

彼誰時［かわたれどき］
「彼は誰？」と見定められないほど、うす暗い明け方

ひねもす
一日中。「日が過ぎる」という意味から

黄昏［たそがれ］
人影が見えなくなるほどに宵闇が迫ってきた時分

終夜［よもすがら］
夜の間中ずっと

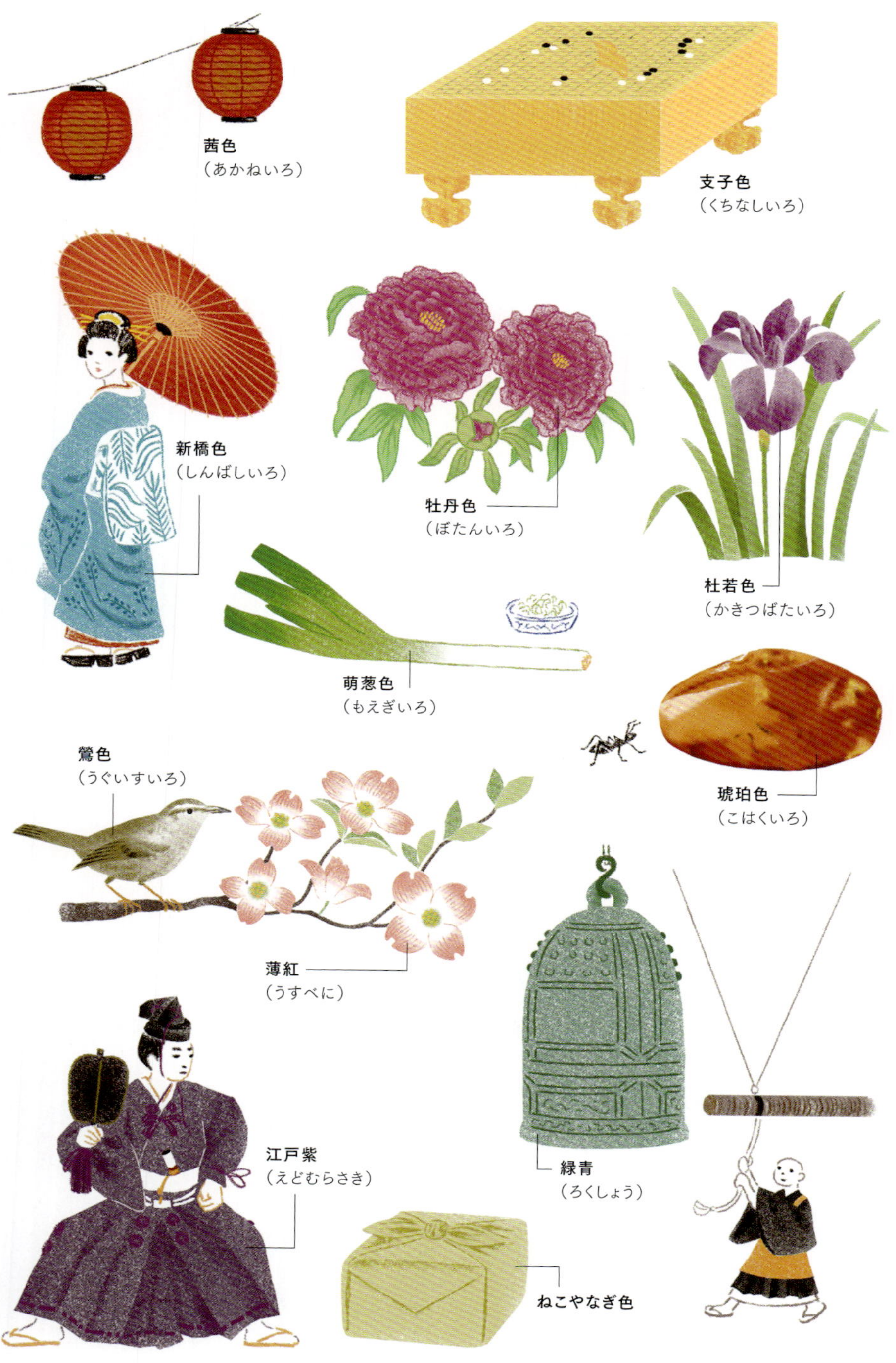
茜色
（あかねいろ）
支子色
（くちなしいろ）
新橋色
（しんばしいろ）
牡丹色
（ぼたんいろ）
杜若色
（かきつばたいろ）
萌葱色
（もえぎいろ）
琥珀色
（こはくいろ）
鶯色
（うぐいすいろ）
薄紅
（うすべに）
緑青
（ろくしょう）
江戸紫
（えどむらさき）
ねこやなぎ色

アルマニャック
Armagnac
アルマニャック地方で
造られたブランデーの色

ブルー・ミヨゾティース
Bleu myosotis
忘れな草の花の色

ボルドー・クレール
Bordeaux clair
明るいボルドーの色

ジョーヌ・パイユ
Jaune paille
麦わらの黄

ヴェール・パスティーユ
Vert pastille
ハッカの入っている
小さなボンボンの色

ピスタッシュ
Pistache
ピスタチオの色

ブルー・ゴーロアーズ
Bleu gauloise
1910年に発売された
タバコの包装色

マロン・グラッセ
Marrons glacés
マロングラッセの色

エグランティーヌ
Églantine
野ばらの色

ブルー・ブルイヤール
Bleu brouillad
霧の中のブルー

ヴェール・シャルトルーズ
Vert chartreuse
シャルトルーズ修道院で造られる薬草系リキュールの色

ローズ・プードル
Rose poudre
おしろいの色

睦月（むつき）
1月

如月（きさらぎ）
2月

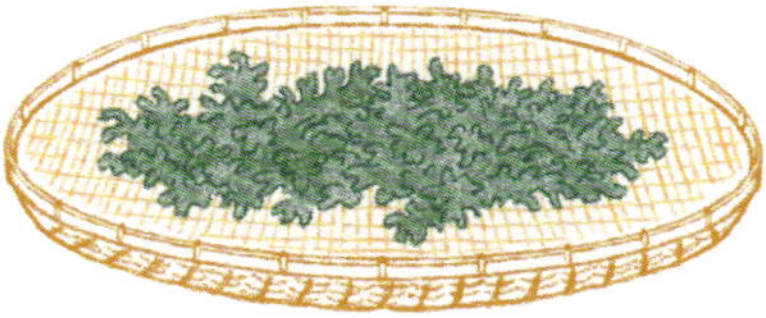

弥生（やよい）
3月

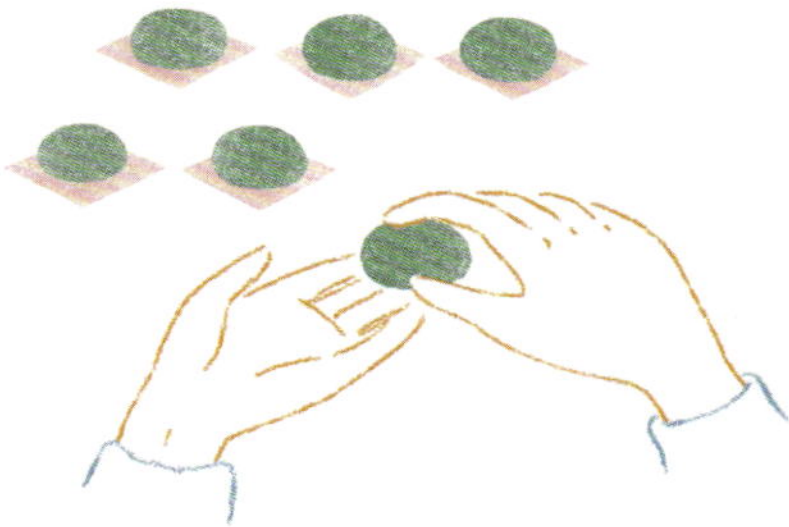

卯月（うづき）
4月

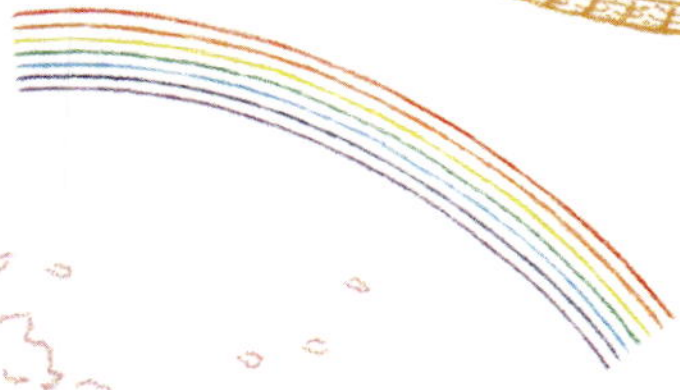

皐月（さつき）
5月

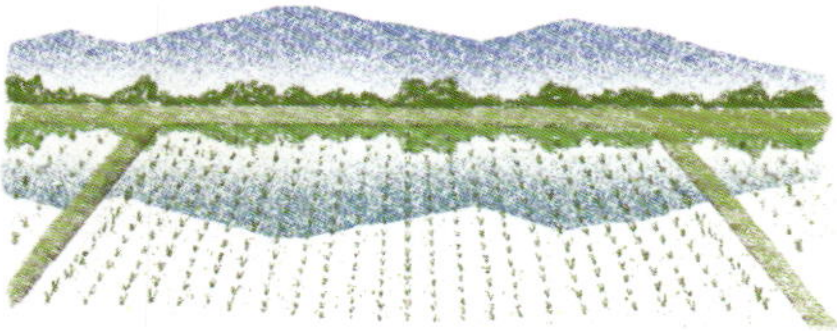

水無月（みなづき）
6月

文月（ふみづき）
7月

葉月（はづき）
8月

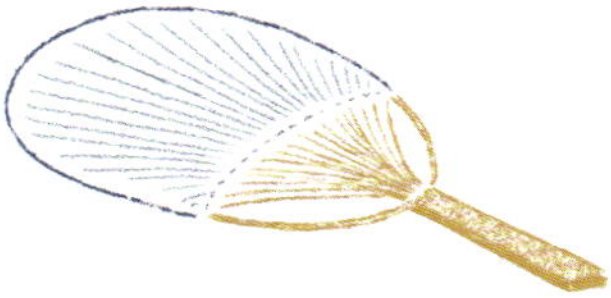

神無月（かんなづき）
10月

長月（ながつき）
9月

師走（しわす）
12月

霜月（しもつき）
11月

モモ
レモン
イチジク
パイナップル
巨峰
マスカット
梨
みかん
バナナ

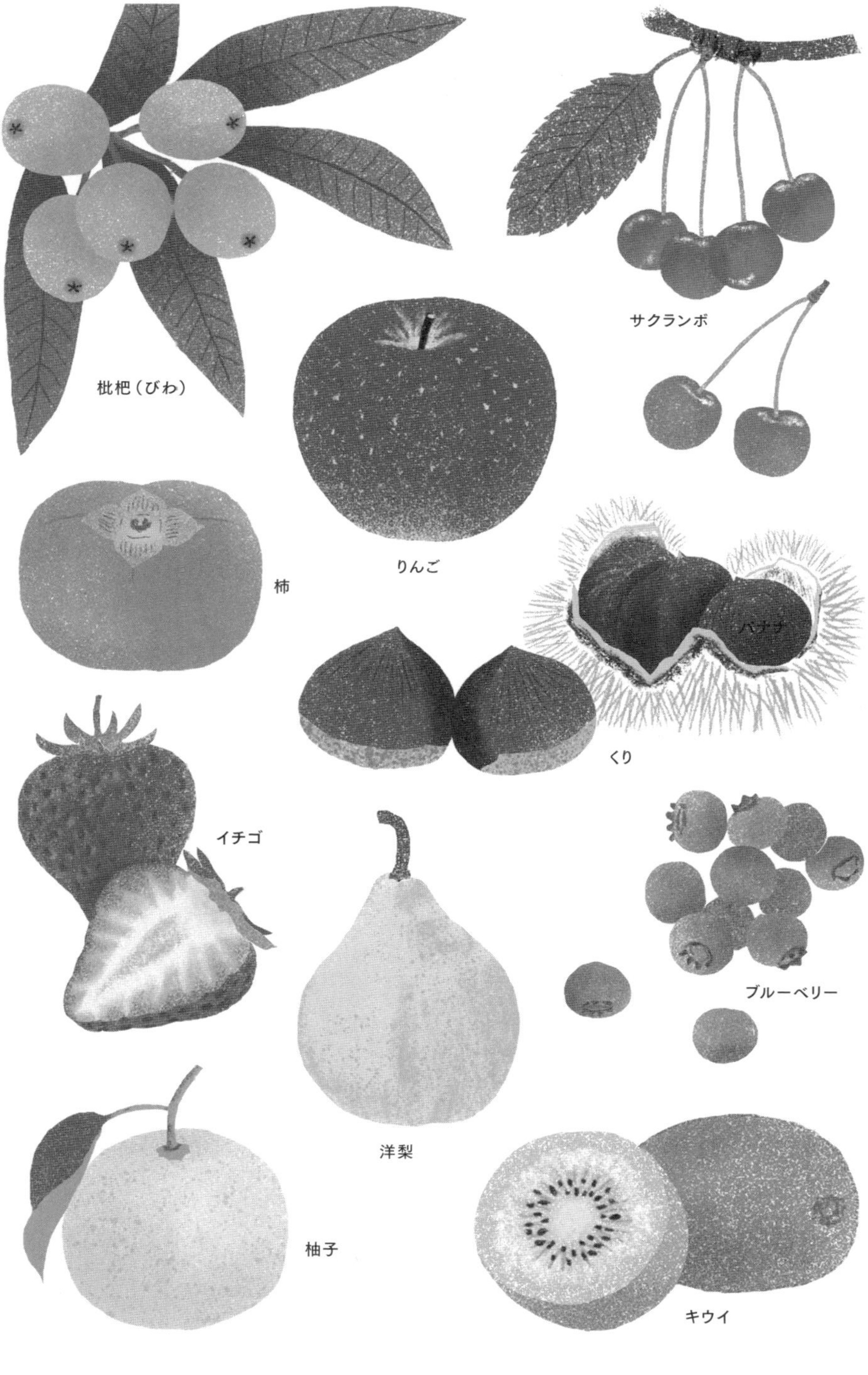
枇杷（びわ）
サクランボ
りんご
柿
バナナ
くり
イチゴ
ブルーベリー
洋梨
柚子
キウイ

動物

シオマネキ
イルカ
タコ
ラッコ
イカ
パンダ
シロクマ
ペンギン
キツネ
アザラシ
ヒトデ
ヤドカリ

喫茶店

コーヒーゼリー
ホットケーキ
タマゴサンド
お冷
レモンスカッシュ
ピザトースト
クリームソーダ
menu
占い
メニュー

ナポリタン
レモンティー
フルーツパフェ
モーニングセット
プリンアラモード
カレー
アイスコーヒー
オムライス
マッチ
純喫茶

パン

マフィン

メロンパン

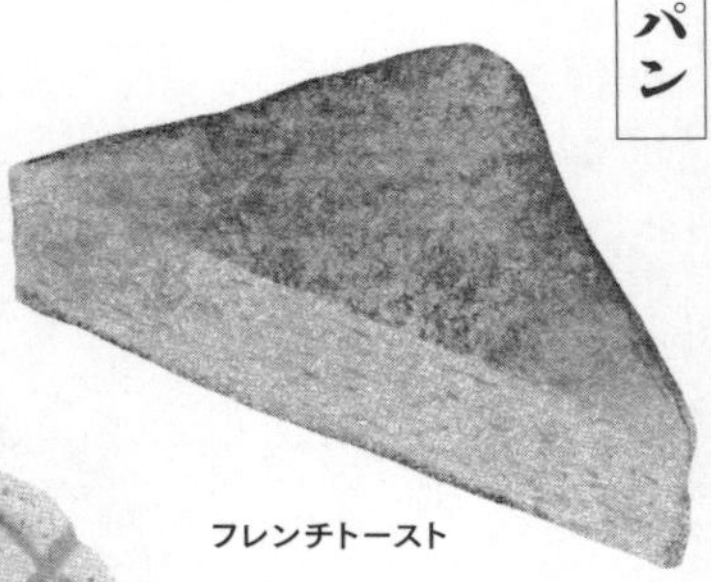

フレンチトースト

チョココロネ

フランスパン

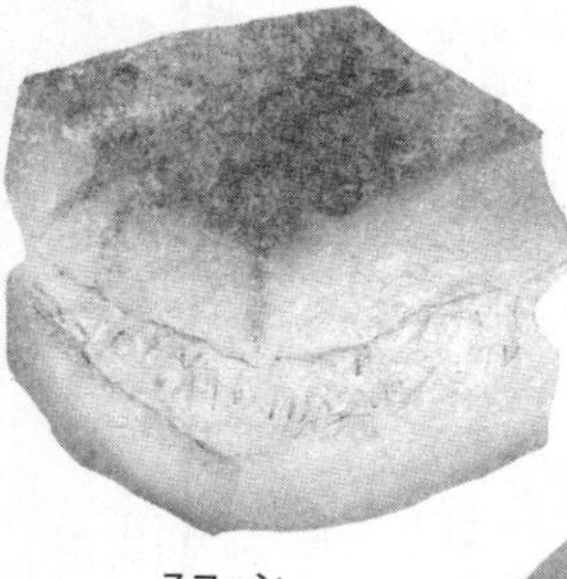

スコーン

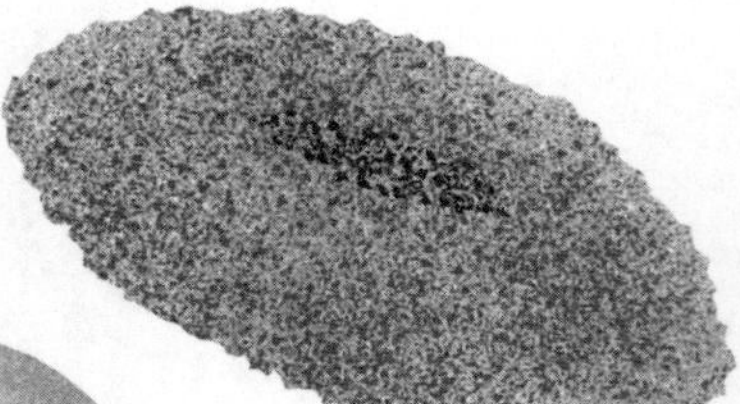

カレーパン

マドレーヌ

あんパン

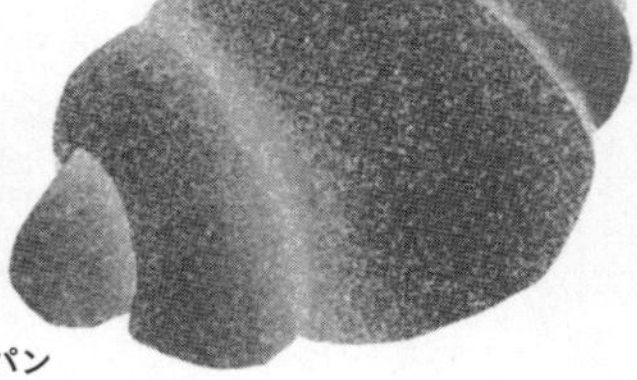

ロールパン

クロワッサン

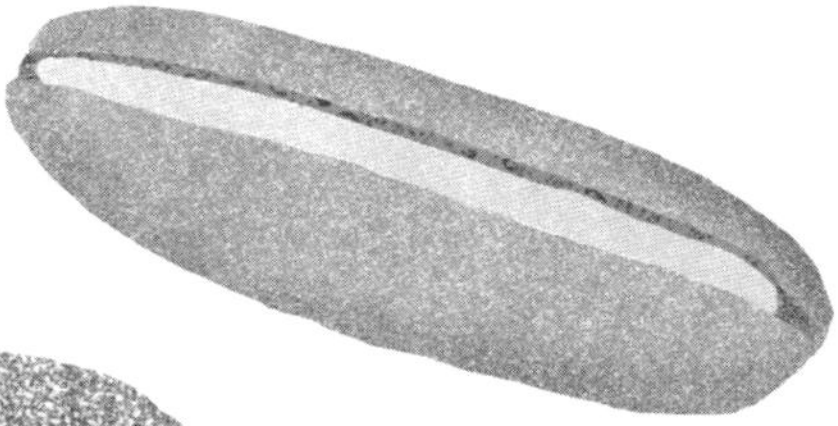

コーヒースティックパン

リングドーナツ

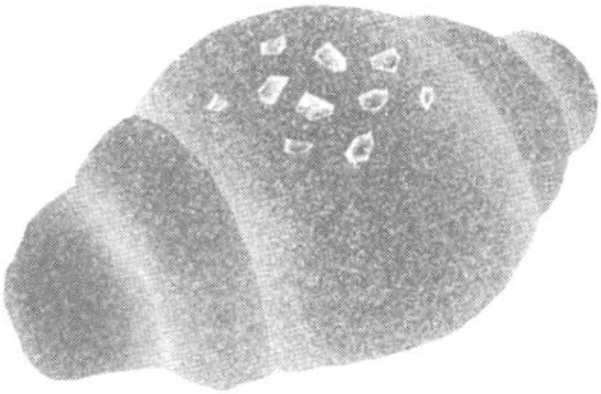

塩パン

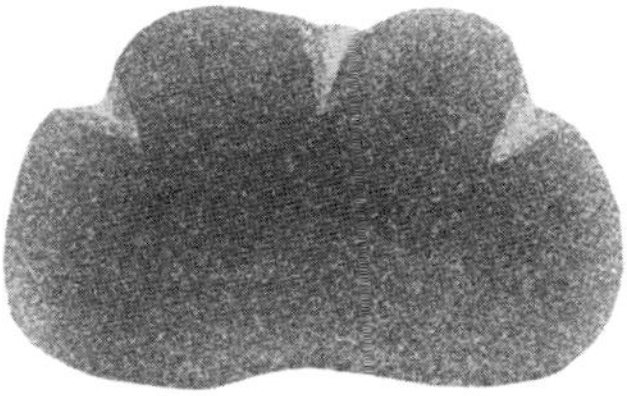

クリームパン

ピザパン

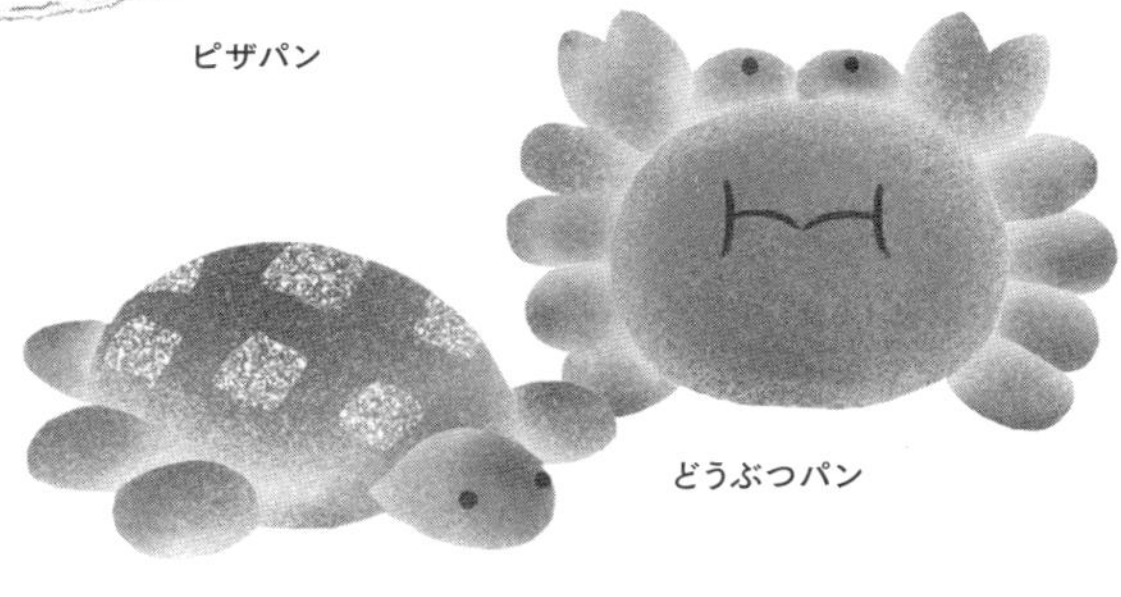

どうぶつパン

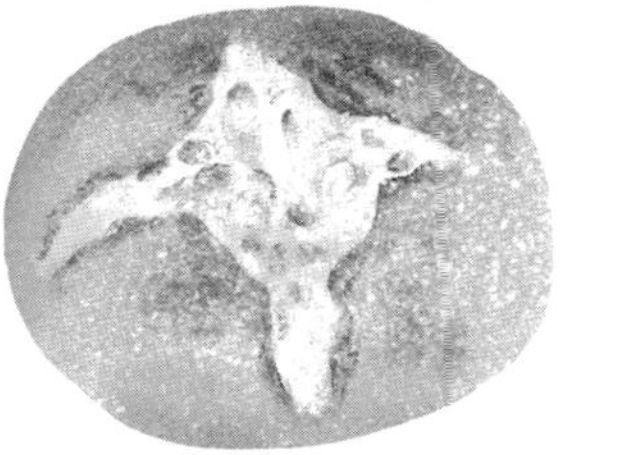

チーズパン

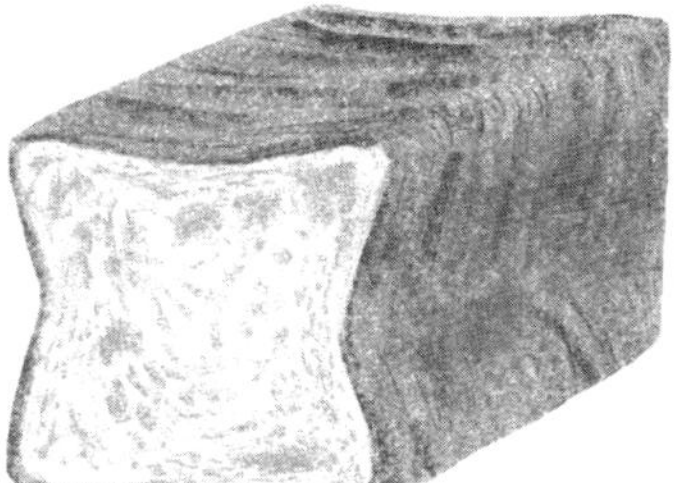

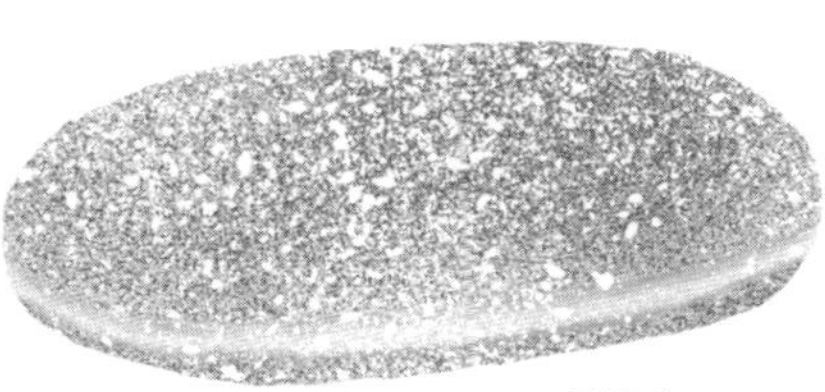

揚げパン

デニッシュパン

アサガオ

ヒマワリ

スイセン

オオイヌノフグリ

ヘビイチゴ

パンジー

チューリップ

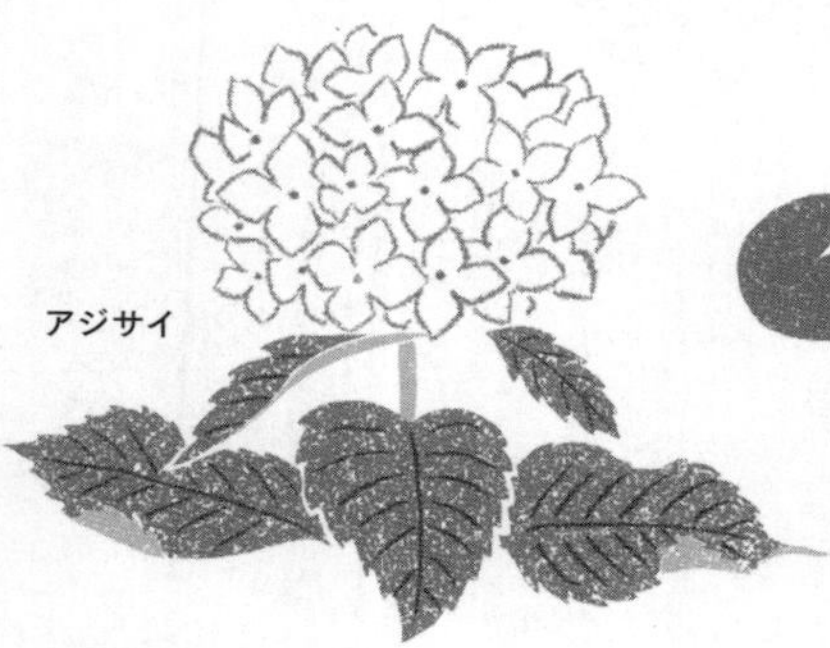

アジサイ

ヒツジグサ

シロツメクサ

スミレ

ヒメオドリコソウ

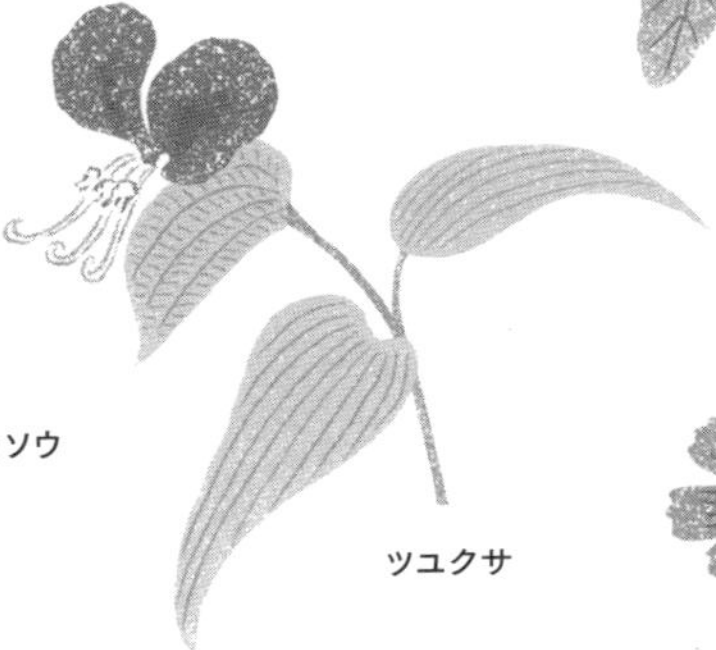
ツユクサ

コスモス

セイヨウタンポポ

ホタルブクロ

思いつくままに

ここからは、
わたしからの問いかけに、
まずは深く考えず、
思いつくまま、
頭に浮かんだ「すき」を
書いてください。
道標となるように、
それぞれの項目に
わたしのすきも書き添えています。

多くを書き出す必要はありません。質問に対してひとつずつでいいので、できるだけ楽な気持ちで進めてください。あたりまえのことでも、書き出すことで、あらためて自分はどんな人間か認識できます。

普段からものごとを感受するのに（or受け止めるのに）、加点法をとるか、減点法をとるかは、思考のクセが大きく影響しています。もともとは減点法の生き方をしていたわたしが、「すきノート」に書き留めることで、だんだんと加点法で世の中を見渡せるようになりました。継続して自分の〝すき〟を探り、書き慣れ、楽しさを見出したことで、今ではすっかり〝ときめき体質〟です。

誰かに読まれることを意識せず、飾らぬありのままの自分でいてください。

10秒間目を閉じて、頭の中を真っ白にして

最初に思い浮かんだ「すきなもの」は？

世界中のねこたち
ワンピースとポシェット
おやつの時間
夜の散歩
旅をすること
ベッドの中
すきなものについて
考えること
おいしいものを食べること
誰かを恋しく思うこと
忘れること 思い出すこと

すきな映画は？

なまいき シャルロット
l'effrontée

すきな本は？ 作家は？ 一節は？

植草甚一
立原道造

すきな季節は？

実りの秋

すきな香りは？

ゼラニウム
フランキンセンス
バニラ

すきな時間は？

午後3時
おやつの時間
夜が朝に変わるひととき

携帯やカメラのフォトアルバムを開いて
浮かんだ「すきなもの」は？

朝おやつ
道ばたのねこ
富士山

すきなお店は？

名曲喫茶ライオン
gion
六曜社珈琲店
喫茶ソワレ

すきな朝ごはん、昼ごはん、夕ごはん、おやつは？

朝　パン
昼　焼きそば
おやつ　アイスクリーム
夜　チーズ料理

すきなお鍋の具材は？

しらたき
おふ

すきな調味料は？

オリーブオイル
ごま油

すきなデザインモチーフは？

水玉
リボン
ねこ
ストライプ

（違う自分になれるなら）
なってみたい職業は？

写真家
陶芸家
うたう人

すきな駅は？

東京
出町柳
阿佐ヶ谷

すきなまちは？

富士宮
杉並
田辺
京都
別府
城崎
釧路

住むことができるなら
どんな家に住んでみたい？

バランスなど考えずに、頭からつま先まで
お気に入りのコーディネートを書き出してください

すきな人は？

（有名人・身近な人、関係なく）

そのしぐさ、性格は？

おだやか 静かさがある人

丁寧に言葉をつかう人

どんなことでも冷静に気持ちを伝えてくれる人

すきな人と出かけたい場所は？

喫茶店

クラシックホテル

ときどきかしこまって
老舗レストラン

赤ちょうちんの酒場

好きな人となら
どこへでも行きたい

パートナーのすきなところは？

"たべるをたのしむ"姿勢
どんな自分でも受けとめてくれるところ
マイペース
メールの時間
メールの敬語

家族のすきなところは？

言葉や季節を大切にしているところ
本や旅が好きなところ
いつも肯定してくれるところ

すきな友だちは？

その人らしい美意識や哲学を持っている人
価値観が近い人
一緒にいて"ラク"な人
おしゃれが好き
やさしい人（意地悪さがない人）

職場や学校の仲間のすきなところは？

やさしく誠実
好奇心が旺盛
"かわいい"への感覚

憧れの人は？

植草甚一さん
森茉莉さん
向田邦子さん

すきな先生、すきだった先生は？

冷静さと気さくさのバランスがいい先生
個性的な先生（ファッションなど）

「こんな人がいたらすきになってしまう」という理想は？

淡々と好きなことを追いかけている人
独自の表現を使う人
散歩好きな人

一度しか会ったことがないなど、日ごろ接点が少なくてもすきだと思う人、すきなところは？

邪心がない人

すきなご近所さんは？

隠しごとなく意見を交わし合う家族
いつも一緒にごはんを食べられる大切ななた

本や漫画のキャラクターで
すきなところは？

一途なところ

失敗もするし間違えることもあるけれど
ダメな自分を認めて自分の足で立ち
前へ進む人

目に映る範囲で

自宅、職場、学校、旅先、
お気に入りのカフェ……。
あなたが毎日のように
過ごすところや、
たまたま訪れた先など、
〝今いる場所〟を見回して、
すきなものやコトを
書き出してください。

見慣れた環境や風景でも、あらためて意識してみると、たくさんのすきが詰まっているはずです。初めて訪れる店や土地でも、すきだと感じるものを見つけてください。

わたしは「すきノート」を始めてから、どんな場所や環境でも、「必ずすきを見つけるぞ」と、五感を働かせてきました。それを習慣化しているうちに、会議室や駅の構内、病院の待合室など、一見するとなんにもないと思えるような限られた空間でも、すきだと感じるものを見つけることができるようになりました。おかげで退屈な時間がなくなりました。今、全国各地いろいろな土地や店を紹介する仕事をしていますが、どこでも瞬時にすきを見つける習慣が活かされています。

すきの感じ方には決まりがありません。色、形、音、雰囲気、どんなことでも感じるままに書き出してください。「うまく説明できないけれど、なんとなくすき」も、立派な理由のひとつです。

今いる場所を見渡してみましょう

「ファミリーレストラン」
「ごゆっくり」という言葉
ドリンクバーのアイスティー
アメリカンダイナー風の内装
一人客が多い夜の時間
パフェのいろどり

あなたの家を見渡してみましょう

例えば……

・本や雑誌を開いて、すきな言葉を書き出してみましょう
・もし引っ越しをするとしたら、引っ越し先に持っていきたい、すきな家具や雑貨は？
・クローゼットを開いて、すきな服を書き出してみましょう

〈食器棚の中〉〈台所〉
ねこのかたちのポット
食パンを焼く網
島根から持ち帰ったエッグベーカー
"tea"という色の名のガラスのカップ
京都で選んだ名入れ包丁

〈好きなワンピースの柄〉

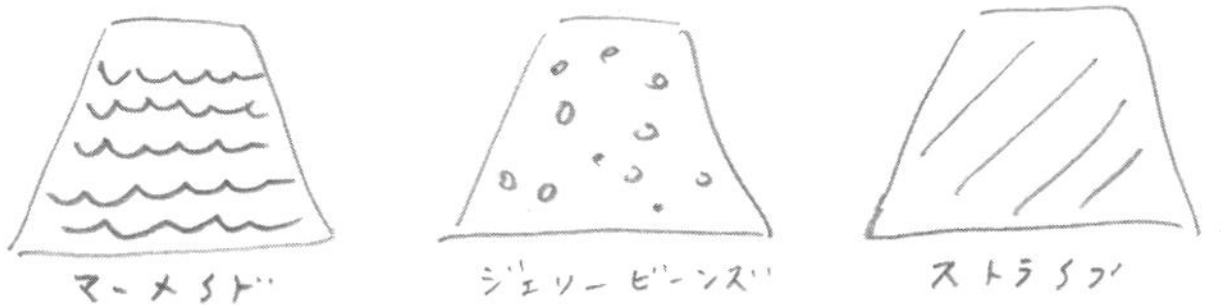

あなたの職場を見渡してみましょう

本棚に囲まれた山小屋のような部屋
絵や写真のポストカード
学生時代に集めたレコード
動物のおきもの

あなたの学校を見渡してみましょう

校舎までの坂道
学食ごとの異なる雰囲気
高橋靗一設計のキャンパス
最寄り駅近くのハンバーガーショップ
学生仲間のファッション

図書館を見渡してみましょう

野外席
サンドイッチがおいしいカフェ
オープン時間前の行列
高い天井
料理 絵本コーナー
手描きのPOP

会議室を見渡してみましょう

時計の数字のフォント
小さなスピーカー
カレンダーの犬の写真
机の間隔

実家があるまちを見渡してみましょう

富士山のある景色
おいしいお水
のどかな人柄
やきそばのまち

記憶にもぐりこんで

何十年前の
記憶の中にもぐりこんで、
過去の自分と
再会してみましょう。
あなたが生きてきた
これまでの間に、
どんなものがすきだったか、
古いアルバムを開くように
思い出してみてください。

誰でもみんな、最初は幼い子どもでした。大人になった今では、すきなことやものに、理由や理屈をつけることができるけれど、昔は直感的にすきなものを追いかけたり、愛でていたはずです。

もの心ついた幼少期、思春期の学生時代……。

夢中だったこと、集めていたもの、すきだった人。今も変わらずすきなままのこともあれば、すっかり忘れていたこともあるでしょう。

これまでたくさんのすきを積み重ねてきたことで、今のあなたが存在していることを、あらためて感じてください。昔のすきを思い出すと、じんわり優しく温かな気持ちに満たされてくるはずです。

子どもの頃、何に夢中でしたか？

お菓子の包み紙・缶
香り玉や消しゴム
テレビの音楽番組
ハンカチ集め
本を読むこと
空想
人形あそび
日ようの朝のホットケーキづくり
アイドルへの声援
封筒づくり

子どもの頃の宝物は？
集めていたものは？

クッキー缶
シール
レターセット
少女漫画誌の付録
ハンカチ
くつした
ぬいぐるみ
ボードゲーム

子どもの頃、
何になりたかったですか？

本を書く人

旅をしてすきだった土地は？
その思い出は？

田辺　夜の酒場・朝の喫茶店
別府　温泉・遊園地
城崎　温泉・ワイン
釧路　雪・タクシー・鹿肉・マリモ
天草　教会・人・海
宮崎　人・トラック市・古墳・うずら車
小倉　パン・電車・市場
下関　洋館
パリ　目に映る全て
ニューヨーク　親友が暮らすまち

すきだった授業は？

国語

すきだった給食は？

ときどき出る甘いもの
（雪見だいふく・クレープアイス）
コーヒー牛乳のもと
鬼まんじゅう

すきだった行事は？

クリスマス
誕生日
5月と11月のおまつり

すきだった遊びは？

アイドルごっこ
ベストテンごっこ
大学生ごっこ
探検
喫茶店ごっこ
食べ歩き

すきだったテレビ番組は？

歌番組
旅番組
日曜日夜のアニメ
クイズ番組

すきだったミュージシャンは？

THE FLIPPER'S GUITAR
小沢健二
サニーデイ・サービス
フィッシュマンズ

すきだったおやつは？

鈴木くん 佐藤くん
おいるだよ
チーズビット
宝石箱
ホットケーキ
たぬきケーキ
母の手づくりおはぎ

すきだった食事は？

庭バーベキュー
お子さまランチ
グラタン

すきだった服は？

母が昔着ていたワンピース
マーメイドという名のもよう

すきだった本は？

池波正太郎
『散歩のとき何か食べたくなって』
植草甚一
『ぼくは散歩と雑学がすき』
『いつも夢中になったり飽きてしまったり』

すきだった映画は？

大林宣彦監督作品（尾道三部作）

つぐみ

BU・SU

東京上空いらっしゃいませ

霧の中の風景

ぼくの伯父さん

すきだった時間は？

眠る前に絵本を読んでもらう時間

誕生日の朝、母がおはぎを作るのを
横から眺めている時間

外に出よう

職場、学校、駅、
買い物先……。
通い慣れた家までの道でも、
意識して風景を見回すと、
さまざまなすきが
見つかるはずです。

看板、お店、すれ違う人、花や鳥や風や月、その時間や季節ならではのこと……。視線や心の持ち方次第で、昨日まで気が付かなかったことでも、不意に「いいな」「すきだな」と感じる瞬間があります。

わたしは「すきノート」を始めた当初、駅から家までの帰り道で「すきなものを10個見つけよう」と、毎日自分に宿題を課していました。今も散歩をするときに、「新しいすきを10個探すまで歩き続けよう」と楽しんでいます。何年も住んでいるまちなのに、また新たなすきに出合えると嬉しくなります。「この道、通ったことがないな」と進んでみると、道端に愛らしい花が咲いていたり、野良猫とすれ違ったり。身近な場所でもまだまだ、すきが増え続けています。

旅先から家に帰るまでの間にも、自然といつもすきなものを探しています。窓の外の景色には、あらゆるすきが詰まっていますが、住み慣れたまちや家を恋しく感じられることも、心嬉しく思えるのです。

今いる場所から駅までの道で、
職場までの道で、家までの帰り道で……
すきな景色や場所、お店、モノを教えてください

大通りから一本それた道の
よく猫が眠っている石の塀

鳥の看板の公園

銭湯のまるいあかり

漫画に描かれた歩道橋

近所を30分歩いて
すきな景色やモノを教えてください

川を泳ぐ鴨たち
草むらのねこ
公園のベンチ
住宅街の夜のあかり
散歩を楽しむ犬
土地の歴史を書いた看板

入ったことのない道に
入って見えたお気に入りの景色は？

道から土地の歴史を想像すること
道ばたの大木
よく猫がいる道

電車やバスの車窓から見える景色で
すきな景色を教えてください

道行く人の服装を見ること
たてものの形
交差点の名前
ハナウタを歌っている人
町中華さがし
各地の警察署のキャラクター

スーパーで見つけたすきな食材は？
思い浮かんだすきな料理は？　つくりたい料理は？
すきなコーナーは？　すきな風景は？

調味料の産地を見ること
アイスクリームのラインナップ
フルーツの並べ方
野菜の肉巻き
店員さんのかけ声
ユニークなPOP

公園のベンチに腰掛けて見える
すきな景色を教えてください（コーヒーやお茶を飲みながら……）

自分と同じようにベンチに座っている人
遊ぶ子ども、帰りたくないとダダをこねている姿
おしゃべりしているおじいちゃんたち
鳥の声
手入れされた樹木

近所のお店ですきなメニューは？
すきな内装は？

店主の好きな本が並ぶ店
仕事の合間に店主がかけるレコード
なんでもないナポリタン
ふつうのハイボール

入ったことのないお店に
入って見えたお気に入りの景色は？

近所の韓国料理店
釜山の地図が壁に
映画のポスターが何枚か
テジクッパの味

映画館で観たすきな映画は？　映画館の様子は？
誰と一緒に観るのがすきですか？（一人もいいですね）

旅先で観る映画が好き
午前中の映画館

別府で観た『この世界の片隅に』

映画を観たあと余韻をかみしめるため
喫茶店に立ち寄ること

旅路ですきな時間や、景色は？

旅先の夜
　夜の暗さを感じられる
朝8時頃開いている店
　地元の人のための時間
喫茶店や銭湯で過ごすひととき
パンやお菓子を食べるとき
公園を探して

電車・飛行機・船
　出発予定1分前のドキドキ

自転車や、車で出かけるときにすきな時間は？

真夜中

早朝

まちを一人じめしているようで

すきな自分は？

すきがたくさんあるところ

最後に、自分のすきなものの
「共通点探し」をしてみましょう

かわいらしさ
けなげさ
はかなさ
やさしさ

認知行動療法の視点から

「すきノート」の効能とは

文・石上友梨

いしかみ ゆり

臨床心理士、公認心理師

大学・大学院と心理学を学んだ後、心理職公務員として経験を積む中で身体にもアプローチする方法を取り入れたいと思い、インドやネパールでヨガ・瞑想を学ぶ旅に出る。その後は、発達障害や愛着障害の方を中心に認知行動療法やスキーマ療法等のカウンセリングをおこないながら、マインドフルネスやヨガクラスの主催、ライターとして活動している。著書に『仕事・人間関係がラクになる「生きづらさの根っこ」の癒し方 セルフ・コンパッション42のワーク』（大和出版）がある。

他者比較をして自信を失いやすい時期

甲斐さんも悩まれていたように、学生時代にあたる青年期（13歳～22歳ごろ）は、アイデンティティ（自分らしさ）を構築する時期です。他者比較をして「自分には何もない」などと、自信を失いやすくなります。

自分の好きを書き連ねることは、他者比較ではなく、ありのままの自分を見つめることです。何が好きで、何を感じ、何を考えているか深く知ることで、自己理解が深まり、アイデンティティを構築するきっかけになります。そして、好きの中から得意が見つかり、自信につながると考えられます。

書き出すことで理解を深める「外在化」の手法

それでは、代表的な心理療法の一つである認知行動療法の視点から、「すきノート」の効能を解説します。

認知行動療法では、さまざまな場面で認知（考え方や捉え方）、感情、行動、身体反応がどのように影響し合っているか、外在化《がいざいか》（目に見える形で書き出す）しながら理解を深めていきます。

例えば、絵が得意なAさん。友人がもっと上手な絵を描くのを目撃した場面で、「私の絵はダメだ」と考えて、落ち込みを感じ、身体がズーンと重くなる身体反応があり、絵を描かなくなるという行動をとるかもしれません。

しかし、同じ場面でBさんは「それぞれの良さがある」と考えたら、前向きな感情のまま、身体は軽やかで、絵をやめず、友人と絵について語らうかもしれませんね。このように認知、感情、行動、身体反応は相互に影響し合っています。

何かのきっかけで自信を失い落ち込んでいるとき、人はネガティブなことばかり考えたり、引きこもって人と交流するのをやめたりといった行動をとりやすくなります。

しかし、外在化――すなわち「好きなことを書き出す」という行動によってポジティブな側面に目が行き、「自分には好きなものがたくさんある」「久しぶりに楽器でも演奏しようかな」と前向きな考えになり、嬉しい、楽しいといった感情につながりやすくなります。そこから、前向きな認知、感情、行動、身体反応と、負のループならぬ正のループに入ることが期待できます。

「すきノート」でストレス対処力も向上

また、好きなことはストレスコーピング（ストレス対処法）になります。「すきノート」に書き連ねることが、コーピングリストの作成になり、自然とストレス対処力が向上していくのです。

Epilogue

「ささやかな平和活動」と信じて
部屋を飛び出した「それから」のこと

20代半ばで上京し、物書きの仕事を始めてから20年以上のときが経ちました。

旅、散歩、パンやお菓子や手みやげ、クラシックホテルに建築、暮らしと雑貨などを主な題材に、書籍・雑誌・ウェブの執筆を続けています。自治体の観光案内パンフレットを手がけたり、講演会を行う機会も増えて、全国各地を飛び回る日々。仕事も生活もすべきことにあふれ、毎日忙しくはあるけれど、未来が見えず明日が来ることにさえ不安を感じていた時代を思い起こすと、こうして一日一日、平穏に過ごせることをありがたく思います。

2005年に1冊目の書籍を執筆してから50冊近い本を出版してきましたが、ずっと変わらないのが自分の「すき」を綴ること。旅に出てまちを歩けば、世界はすきなものにあふれています。土地土地に根付くパンやお菓子や包み紙。何十年と続く喫茶店。歴史を重ね、物語がひそむ名建築。日常をともにする愛用品。どれもが愛おしいものばかりです。

わたしが本を通して伝えたいのは、正解ではなく、ときめく心と価値観。ページをめくるたび、「ああ、自分にもこんなふうにときめく気持ちがあったな」と、何かをすきでいることの喜びや生きがいを、思い出したり、気が付いたりしてほしいと願っています。決して「ここに行くことが、これを買うことが正しいです」と答えを示しているのではありません。

＊

物書きとしての仕事が少しずつ増えてくるのと同時に、学校、カルチャースクール、図書館、イベントでの、講演会の依頼が入るようになりました。もともとは本を出版するきっかけを話してほしいという要望から、自然と学生時代に始めた「すきノート」の話をしていたのですが、気が付けばいつのまにか、「すきノート」について聞かせてほしいというリクエストが寄せられるように。そこで、ただ私が語るだけでなく、聴講者にも自分自身のすきを書き出す体験をしてもらおうと、「すきノート」のワークショップも行うようになりました。

ノートをすきな言葉で埋めたい一心で世界を見渡し、自分自身と向き合ったことで、鬱々とした日々から抜け出すことができたわたしの実体験に、「勇気をもらいました」と言ってくださる方の声は、わたし自身の救いでもありました。まだまだ迷うことや失敗も後悔もあるけれど、すきという気持ちに素直に生きることを肯定してもらえたようで、さらに気持ちが強くなれた気がします。そうして「すきノート」そのものについて、本に残したいと思うようになりました。

何かをすきだと感じたり、ときめいたりする気持ちに、年齢や性別は関係ありません。いつでも、誰でも、何かをすきになることで、人は強くなることができます。同時に、いくつになっても、悩んだり迷ったり、立ち上がれなくなったりするときがあるのも、わたしたち人間の当たり前の姿。楽しく前向きなときも、辛くてうつむいてしまうときも、自分の中にあるすきという気持ちが自分を支えてくれることを、この本を通して伝えることができたら嬉しいです。

＊

それからわたしは、自分でも「すきノート」を綴り続けることや「すきノート」のつくりかたを伝えることを、「ささやかな平和活動」と呼んでいます。みんなが自分のすきに寄り添えたら、穏やかで優しい世界に近づけるはず。すきが詰まったノートは、それぞれのお守りとして心の支えになるでしょう。

まずは、ひとつでもふたつでも、この本の巻末ノートに、あなたのすきを書いてみてください。家族、友人、パートナーなど、誰かと一緒に一歩目を踏み出してみるのも心強いはず。岐路に立つ人や、節目を迎える人への贈り物にも役立てていただければ幸いです。

＊

最後に、学生時代に私の講演会に参加していただき、この本を制作するきっかけを作ってくださったＰＨＰ研究所の小池聡実さん、細やかな気遣いで編集を担当してくださったＰＨＰエディターズ・グループの日岡和美さん、すてきな誌面にしあげてくださったデザイナーの高橋朱里さん、撮影担当の村上誠さん、イラストレーターの羅久井ハナさん、杉浦さやかさん、井上咲楽さん、マミフラワーデザインスクール、ｇｉｏｎはじめ、取材にご協力くださった全てのみなさまに感謝いたします。

いつも心に「すきノート」を！

甲斐みのり

甲斐みのり　かい　みのり

文筆家。静岡県生まれ。日本文藝家協会会員。旅、散歩、お菓子、地元パン®、手みやげ、クラシックホテル、建築、雑貨や暮らしなどを主な題材に、書籍、雑誌、Webなどに執筆。『歩いて、食べる 東京のおいしい名建築さんぽ』『歩いて、食べる 京都のおいしい名建築さんぽ』（エクスナレッジ）、『たべるたのしみ』『朝おやつ』『旅のたのしみ』（ミルブックス）など著書多数。

「すきノート」のつくりかた

2024年12月10日　第1版第1刷発行

著者　甲斐 みのり
発行者　岡　修平
発行所　株式会社PHPエディターズ・グループ
〒135-0061 江東区豊洲5-6-52
☎03-6204-2931
https://www.peg.co.jp/
発売元　株式会社PHP研究所
東京本部　〒135-8137 江東区豊洲5-6-52
普及部　☎03-3520-9630
京都本部　〒601-8411 京都市南区西九条北ノ内町11
PHP INTERFACE　https://www.php.co.jp/
印刷所・製本所　TOPPANクロレ株式会社

ISBN978-4-569-85827-2

すきノート

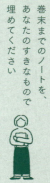

巻末までのノートを、
あなたのすきなもので
埋めてください

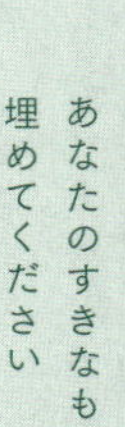

Have a good day!